普通高等学校城市轨道交通专业规划教材编写委员会

主　　任　李　锐(安徽交通职业技术学院　系主任　教授)
　　　　　　刘志刚(上海工程技术大学城市轨道交通学院　博士　副院长　教授)

副 主 任　李建洋(安徽交通职业技术学院　博士　教授)
　　　　　　张国侯(南京铁道职业技术学院　教研室主任　副教授)
　　　　　　李宇辉(南京铁道职业技术学院　教研室主任　副教授)
　　　　　　穆中华(郑州铁路职业技术学院　教研室主任　副教授)
　　　　　　朱海燕(上海工程技术大学城市轨道交通学院　副教授)
　　　　　　周庚信(新疆交通职业技术学院　系主任　高级讲师)

委　　员　娄　智(安徽交通职业技术学院　系副主任　副教授)
　　　　　　李志成(安徽交通职业技术学院　副教授)
　　　　　　兰清群(安徽交通职业技术学院　副教授)
　　　　　　王晓飞(安徽交通职业技术学院　讲师)
　　　　　　李泽军(安徽交通职业技术学院　工程师)
　　　　　　李艳艳(安徽交通职业技术学院　讲师)
　　　　　　颜　争(安徽交通职业技术学院　讲师)
　　　　　　黄建中(南京铁道职业技术学院　副教授)
　　　　　　周云娣(南京铁道职业技术学院　讲师)
　　　　　　陈　谦(南京铁道职业技术学院　讲师)
　　　　　　黄远春(上海工程技术大学城市轨道交通学院　讲师)
　　　　　　田　亮(深圳城市轨道交通运营公司　工程师)
　　　　　　文　杰(杭州城市轨道交通运营公司　工程师)
　　　　　　任志杰(宁波城市轨道交通运营公司　工程师)
　　　　　　李国伟(郑州铁路局郑州北站　工程师)
　　　　　　薛　亮(沈阳交通高等专科学校　讲师)
　　　　　　牛云霞(新疆交通职业技术学院　讲师)
　　　　　　张　荣(新疆交通职业技术学院　讲师)
　　　　　　苏　颖(新疆交通职业技术学院　讲师)

普通高等学校"十三五"省级规划教材
普通高等学校城市轨道交通专业规划教材

城市轨道交通客运组织

李志成　周云娣　编

中国科学技术大学出版社

内 容 简 介

本书是国家骨干高职院校城市轨道交通运营管理专业系列规划教材,本教材从项目式教学的角度出发,对城市轨道交通客运组织工作进行了全面分析,共分为八个项目,包括:城市轨道交通客运基础、车站行政管理、城市轨道交通车站运作管理、城市轨道交通车站客运组织服务、城市轨道交通车站客流组织、车站乘客服务礼仪与技巧、城市轨道交通车站突发事件应急处理办法和应急救护。

本书可作为高职、中职院校城市轨道交通运营管理专业及其专业群的教材或参考用书,也可作为从事城市交通规划、建设和运营管理的专业技术人员的培训教材。

图书在版编目(CIP)数据

城市轨道交通客运组织/李志成,周云娣编.—合肥:中国科学技术大学出版社,2014.9
(2020.11重印)
安徽省高等学校"十三五"省级规划教材
ISBN 978-7-312-03588-3

Ⅰ.城⋯　Ⅱ.①李⋯　②周⋯　Ⅲ.城市铁路—铁路运输—旅客运输—行车组织—教材
Ⅳ.U239.5

中国版本图书馆 CIP 数据核字(2014)第 197196 号

出版	中国科学技术大学出版社
	安徽省合肥市金寨路96号,230026
	http://press.ustc.edu.cn
	http://zgkxjsdxcbs.tmall.com
印刷	合肥华苑印刷包装有限公司
发行	中国科学技术大学出版社
经销	全国新华书店
开本	787 mm × 1092 mm　1/16
印张	10.25
字数	249 千
版次	2014 年 9 月第 1 版
印次	2020 年 11 月第 4 次印刷
定价	27.00 元

总 序

本套教材以职业岗位能力为依据,根据国家骨干院校城市轨道交通运营管理专业建设要点,结合城市轨道交通通信信号技术、城市轨道交通车辆技术、城市轨道交通机电技术专业的需要,由安徽交通职业技术学院与相关轨道交通运营公司合作编写。

本套教材包括《城市轨道交通概论》《城市轨道交通信号基础设备》《城市轨道交通运营与信号》《城市轨道交通客运组织》《城市轨道交通车站设备》《城市轨道交通行车组织》《城市轨道交通列车运行自动控制》《城市轨道交通车辆构造与维护》《轨道交通运营管理综合实训指导书》《轨道交通信号综合实训指导书》《轨道交通车辆综合实训指导书》等。

本套教材融合了国内主要城市轨道交通运营企业现场作业的内容,以实际工作项目为主线,在项目中以具体工作任务作为知识学习要点,并针对各项任务设计模拟实训与思考练习,实现了课堂环境模拟现场岗位作业情景及学生自我学习、自我训练的目标,体现了"岗位导向、学练一体"的教学过程。

普通高等学校城市轨道交通专业规划教材编写委员会

前言

本教材根据城市轨道交通站务岗位的能力需求,并按照认知规律和教学特点分析归类为八个教学项目:城市轨道交通基础知识、车站行政管理、车站运作管理、车站客运组织、车站客流组织、乘客服务、突发事件应急处理办法及应急救护常识。

本课程基于"岗位导向、学练一体"的项目化教学模式,将每个教学项目分解成若干个工作任务,且每个任务设计了知识要点、任务目标、模拟实验以及思考练习。为了进一步培养学生的动手能力,本教材构建了课程模拟实验、校内生产实践、企业跟班实习"三位一体"的实践环节。

为了提高教学效率、提升教学效果,本教材配有高质量的教学课件及相应的习题库。本教材适用于专业教学,同时也适合用作企业员工培训教材和学生自学用书。

本教材由安徽交通职业技术学院李志成和南京铁道职业技术学院周云娣编写。项目一、项目二、项目五、项目七由李志成编写,项目三、项目四、项目六、项目八由周云娣编写。

本教材在编写过程中,得到了南京站务中心的大力支持与帮助,也得到了上海申通城市轨道交通集团公司、广州地下铁道总公司、深圳城市轨道交通集团运营公司有关专家的指导,在此谨向他们表示衷心的感谢!同时,对于潇、杨智翔、牛善勇同学在教材文字整理过程中提供的帮助表示感谢!

由于编写时间仓促,编者水平有限及实践经验不足,书中难免有不妥之处,恳请读者批评指正!

编　者

目 录

总序 ··· (i)

前言 ··· (iii)

项目一　城市轨道交通客运基础 ··· (1)
　　任务一　城市轨道交通车站概述 ··· (1)
　　任务二　城市轨道交通客运设备设施 ··· (5)

项目二　车站行政管理 ·· (19)
　　任务一　车站站务组织架构 ··· (19)
　　任务二　车站各岗位工作职责 ·· (20)
　　任务三　车站各岗位工作流程 ·· (27)
　　任务四　车站排班与交接班 ··· (39)

项目三　城市轨道交通车站运作管理 ·· (42)
　　任务一　车站开启作业 ··· (42)
　　任务二　车站关闭作业 ··· (44)
　　任务三　车站巡查作业 ··· (46)

项目四　城市轨道交通车站客运组织服务 ·· (50)
　　任务一　城市轨道交通车站客运组织概述 ··· (50)
　　任务二　车站客运组织服务 ··· (52)

项目五　城市轨道交通车站客流组织 ·· (56)
　　任务一　城市轨道交通客流概述 ··· (56)
　　任务二　城市轨道交通车站日常客流组织 ··· (60)
　　任务三　城市轨道交通车站大客流组织 ·· (64)
　　任务四　城市轨道交通突发事件客流组织 ··· (70)

项目六　车站乘客服务礼仪与技巧 ·· (75)
　　任务一　城市轨道交通车站客运服务理论 ··· (75)

任务二　站厅服务 ……………………………………………………………（84）
　　任务三　客服中心服务 …………………………………………………………（90）
　　任务四　站台服务 ………………………………………………………………（92）
　　任务五　乘客纠纷处理 …………………………………………………………（95）
　　任务六　乘客投诉 ………………………………………………………………（97）
　　任务七　客伤的处理 ……………………………………………………………（101）
　　任务八　乘客遗失物品的处置 …………………………………………………（108）

项目七　城市轨道交通车站突发事件应急处理办法 ……………………………（112）
　　任务一　突发事件处理概述 ……………………………………………………（112）
　　任务二　各种突发事件处理 ……………………………………………………（114）

项目八　应急救护 …………………………………………………………………（136）
　　任务一　心肺复苏 ………………………………………………………………（136）
　　任务二　创伤救护 ………………………………………………………………（140）

附录 …………………………………………………………………………………（143）

参考文献 ……………………………………………………………………………（154）

项目一　城市轨道交通客运基础

任务一　城市轨道交通车站概述

知 识 要 点

1. 城市轨道交通车站配置原则;
2. 城市轨道交通车站种类;
3. 城市轨道交通车站组成。

任 务 目 标

1. 了解城市轨道交通车站配置原则;
2. 了解城市轨道交通车站种类;
3. 了解城市轨道交通车站组成。

车站在城市轨道交通运输生产活动中有着重要的功能,它是城市轨道交通的重要组成部分,是客流集散的场所,是乘客出行乘坐列车始发、终到及换乘的地点,是运营企业与服务对象的主要联系环节。车站是线路上供列车到达、出发和通过的分界点,某些车站还具有折返、停车检修、临时待避的功能。车站还是轨道交通各工种联劳协作的生产基地。因此,车站应能安全、迅速、方便地组织乘客进出,能全面、可靠、机动地满足运营要求。

一、城市轨道交通车站配置原则

1. 最大程度服务乘客

最大程度服务乘客要求城市轨道交通车站的位置设置合适、设备完善,能为乘客提供较好的服务,这样也能最大限度地吸引客流。

2. 满足远期运量需求

远期运量需求一般指通车后 10～15 年的高峰小时客流量,以此作为设计客运需求量。个别车站可按极限运量需求(如体育馆、火车站、广场等可能产生突发性密集到发客流的交通集散点附近)来设计。

3. 预留适当的能力余地

城市轨道交通车站能力要求能满足高峰时段密集到达(出发)需要,即超高峰时段的需要,并能应付远期运量波动的需要。

4. 尽可能降低投资费用

车站建设能选地面,则不选地下;车站设施以实用高效为主、装饰功能为辅等。

车站的配置应进行多方案比选后,再最终确定较优方案。

二、城市轨道交通车站种类

从不同的角度划分,可对车站进行不同的分类。

1. 根据信号系统功能划分

根据车站是否具有站控功能,可分为联锁站和非联锁站。

(1) 联锁站,是指具有信号联锁设备,一般可以监控列车运行、排列列车进路以及对列车运行控制的车站。联锁站通常有道岔。

(2) 非联锁站,是指没有联锁设备,一般不能监控列车运行以及不能排列列车进路的车站。非联锁站通常无道岔。

2. 按线路敷设方式不同划分

城市轨道交通车站按其所属线路的敷设方式划分,可分为地面车站、地下车站和高架车站。

3. 按运营功能划分

城市轨道交通车站按其运营功能不同,可分为端点站、中间站、换乘站和区间站。

(1) 端点站,即线路两端端点车站。它具有乘降(乘客上下车)、客运服务、列车折返及少量检修作业等功能。

(2) 中间站,是线路中数量最多的基本站型。它具有乘降、客运服务等功能。

(3) 换乘站,是两条或两条以上轨道交通线路交叉设置的车站。它具有乘降、客运服务和旅客换乘等功能。

(4) 区间站,或称为折返站或区域站,设置在线路中间,可供列车折返和开行区间列车的车站。它具有乘降、客运服务和部分列车折返等功能。

三、城市轨道交通车站组成

城市轨道交通车站平面布置应贯彻紧凑、合理、适用的原则。一般车站由出入口、站厅、站台及生产用房组成。

1. 出入口

地面出入口是乘客由地面进入车站或由车站上到地面的通道,出入口位置应满足城市规划及交通的要求,选择人流集中的地点,出入口应尽量与城市过街地道相结合,与地下商场、公共建筑楼群相连通,以便乘客和过街行人。

2. 站厅

站厅的主要功能为:集散乘客、售检票、服务,设置管理与设备用房,部分车站还设置有商铺等服务设施。例如,南京城市轨道交通的新街口站,地下一层为商铺层,地下二层为站厅层。高架站、地面站地上一层为站厅层,如图1.1所示。

站厅规模大小、建筑特征既要符合城市规划与交通的要求并与地面建筑相协调，又要各具特色，达到简洁、明快、开朗、流畅和富有现代感。站厅面积要根据高峰小时最大客流量及集散时间的要求计算确定。

图 1.1　站厅图

3. 站台

站台具有供乘客上下车、集散客流、作短暂的停留候车的功能。车站站台的形式有：岛式站台、侧式站台和岛侧混合式站台三种。

（1）岛式站台。站台位于上下行线路之间，如图 1.2 所示。

图 1.2　岛式站台示意图

（2）侧式站台。站台分别位于上下行线路两侧，如图 1.3 所示。

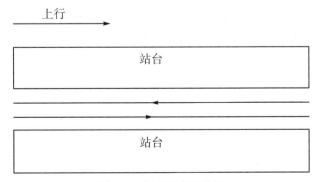

图 1.3　侧式站台示意图

(3) 混合式站台：既有岛式站台，又有侧式站台，如图 1.4 所示。

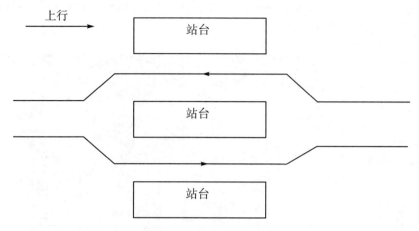

图 1.4 混合式站台示意图

岛式站台和侧式站台的优缺点比较如表 1.1 所示。

表 1.1 岛式站台和侧式站台的优缺点比较表

	岛式站台	侧式站台
1	站台利用率高，可起分散人流的作用，在相反方向列车不同时到达时，可相互调节，但同时到达时，容易交错混乱甚至乘错方向	两站台分别利用，利用率低，但相对方向的人流不交叉，不至于乘错车，对客流不起调节作用
2	管理集中方便，便于旅客中途折返	工作人员增加，管理分散不方便，对旅客中途折返不方便，须经天桥、地道或站厅才能折返
3	须设中间站厅，结构较复杂，建筑费用大	可不设中间站厅，结构较简单，建筑费用小
4	建筑艺术处理较好，空间完整，站台延长工程困难	在建筑艺术处理上空间较分散，站台延长工程较容易

4. 车站生产用房

(1) 运营用房。车站控制室、值班站长室、站长室、售票亭、票务室等。
(2) 服务用房。工作人员休息室、厕所、盥洗间、茶炉间等。
(3) 电力用房。降压变电所、牵引变电所、照明配电室等。
(4) 技术用房。通信、信号设备用房，环控与通风机房，消防水泵房和废水及污水泵房等。

模 拟 实 验

安排学生分组绘制车站平面图，并分析不同形式站台的特点及对客流组织的影响。

思 考 练 习

1. 城市轨道交通车站的配置原则有哪些？

2. 城市轨道交通车站按不同方式可分为哪几类？
3. 联锁站与非联锁站的区别是什么？
4. 城市轨道交通车站由哪些部分组成？

任务二　城市轨道交通客运设备设施

知 识 要 点

1. 自动售检票系统；
2. 乘客信息系统；
3. 自动扶梯系统；
4. 疏通导流设施；
5. 导向标识；
6. 广播系统。

任 务 目 标

1. 掌握自动售检票系统；
2. 掌握乘客信息系统；
3. 掌握自动扶梯系统；
4. 掌握疏通导流设施；
5. 掌握导向标识；
6. 掌握广播系统。

城市轨道交通车站客运设备所包含范围较广，具体包括：自动售检票系统、乘客信息系统、电扶梯系统、广播系统等设备，这里主要介绍疏通引导设施。

一、自动售检票系统

自动售检票系统（Automatic Fare Collection，AFC）是城市轨道交通综合自动化系统中不可缺少的重要组成部分。AFC 系统采用完全封闭的运行方式和计程、计时的收费模式，集计算机、网络、通信、自动控制、非接触式 IC 卡、大型数据库、机电一体化、模式识别、传感和精密仪器加工等多种高新技术为一体，通过高度安全、可靠、保密性能良好的自动售检票系统和各种 AFC 终端设备，完成轨道交通中的自动售票、检票、计费、收费、单程票回收、现金稽查、客流收费统计和售检票设备监控等。

1. 自动售检票系统管理

自动售检票系统管理主要包括对票卡进行管理、制定票务规则以及对不同运营条件下的模式进行管理。

（1）票卡管理。票卡记载着乘客出行和费用信息，是乘客乘车过程的唯一有效凭证。

对于运营系统而言,票卡管理就是对票卡的发行、使用和更新的全过程进行管理。

票卡按计价方式可分为计次票和计程票。如果政府给予城市轨道交通以直接补贴,那么城市轨道交通的运营成本负担较轻,可以加大让利于民的程度,一般可采用计次票;若政府没有直接补贴,城市轨道交通的运营成本负担较重,需要加强票款收入,一般可采用计程票。票款按车票使用性质可分为单程票、储值票和许可票。

(2) 规则管理。规则管理的主要内容是确定票价策略,即在制定票价时需要遵循的原则。首先要对城市轨道交通产品进行规范的定位,然后对轨道交通负担量进行分配,再制定合理的收费策略,最终确定最短计价里程和最低收费。

2. 自动售检票(AFC)系统架构

自动售检票系统的基本结构包括五层:第一层是清分系统(AFC Clearing Center,ACC),是系统的核心;第二层是线路中心(Line Computer,LC),负责各线路票务处理工作;第三层是车站计算机系统(Station Computer,SC);第四层是车站终端设备(TVM、BOM及TCM等);第五层是票卡(单程票、储值卡及福利票等),如图1.5所示。

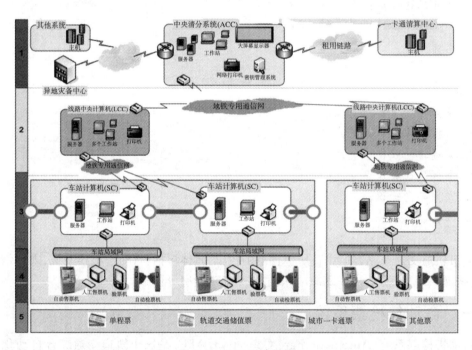

图 1.5　AFC 系统架构

3. 自动售检票系统设备

自动售检票系统设备主要包括自动检票机、自动售票机、半自动售/补票机和自动充值机等。

(1) 自动检票机(Automatic Gate,AG)。根据功能的不同,可将检票机分为进站检票机、出站检票机和双向检票机。进站检票机在非付费区,出站检票机在付费区,双向检票机可灵活调整检票方向,以适应大客流情况。根据阻挡装置的不同,可将自动检票机分为三杆式检票机、扇门式检票机和拍打式检票机;根据通道宽度的不同,可将自动检票机分为普通通道检票机和宽通道检票机,如图1.6所示。

图 1.6　自动检票机

（2）自动售票机（Ticket Vending Machine，TVM）。自动售票机可接收乘客的购票选择，并在购票过程中给出购票提示，接收乘客投入的现金并完成自动识别，自动计算现金数及购票金额，自动找零并自动完成车票校验、车票发售及出售工作。自动售票机还能完成对各部件的工作状态进行自动监测并向车站计算机系统上报工作状态，同时接收车站计算机系统下发的参数和控制命令，执行相应操作、存储并上传交易信息以及对本机接收的现金及维护操作进行管理，如图 1.7 所示。

图 1.7　自动售票机

（3）半自动售/补票机（Booking Office Machine，BOM）。半自动售/补票机可以售/补包括单程票、储值票和纪念票在内的各种类型车票，可对车票进行有效分析，并查询车票的历史交易信息。此外，对无法完成正常进出站的车票进行票务更新；可发售出站票，接收退票处理，受理车票挂失、车票续期、查询票价及其他服务。半自动售/补票机有两种工作模式：第一种是售票模式，即安装在非付费区，通常工作在售票模式下，可以发售除站票以外的各种车票，并可进行票务处理及提供其他服务；第二种是补票模式，即安装在付费区内，通常工作在补票模式下，只允许发售出站票，用于无票的乘客补票使用，该模式下还支持车票更新操作，如图 1.8 所示。

图 1.8　半自动售/补票机

（4）自动增（充）值机（Adding Value Machine，AVM）。自动增（充）值机可以进行储值卡的充值，允许乘客使用现金或银行卡对储值卡进行储值操作。同时可用于乘客验票，给出车票内的各种信息和交易历史。此外，还增加了自动查询功能，提供多媒体查询服务，如图 1.9 所示。

图 1.9　自动增（充）值机

二、乘客信息系统

乘客信息系统（Passenger Information System，PIS）是利用网络技术、多媒体传输技术和显示技术，可在指定时间将指定信息显示给指定人群。乘客信息系统具有信息发布和信息查询功能。在正常专题下可播放列车运行信息、政府公告、出行参考、股票信息、广告和其他交通工具运行信息，在紧急状态下可发布各种救援和疏散指示，此外，乘客还可以通过触摸屏自行查询气象、换乘信息。

1. PIS 的显示终端

（1）出入口外的户外双基色（Light Emitting Diode，LED）显示屏，如图 1.10 所示。
（2）出入口通道连接站厅处 LED 显示屏，如图 1.11 所示。

图 1.10　出入口外的户外显示屏

图 1.11　出入口通道显示屏

（3）下行自动扶梯上部 LED 双基色大屏幕。
（4）AFC 闸机群上方 LED 条屏，如图 1.12 所示。
（5）车站触摸屏（Liquid Crystal Display，LCD）查询机，如图 1.13 所示。

图 1.12　闸机群上方条屏

图 1.13　车站触摸屏

（6）站台单/双面等离子屏（Plasma Display Pane，PDP）或 LCD 屏，如图 1.14 所示。

图 1.14　站台单/双面等离子屏

2. 乘客信息系统的组成

乘客信息系统可分为中心子系统、车站子系统、广告制作子系统和网络子系统等几个部分。

(1) 中心子系统。中心子系统是 PIS 系统的核心部分,对外它采集整个 PIS 系统需要的外部信息资源,如地面交通路况、股票信息和天气预报等,对内它将所需的信息以及列车运行状况等进行整合、编辑,以供使用。其主要设备有中心服务器、视频流服务器、中心操作员工作站、播出控制工作站和数字电视设备。

(2) 车站子系统。车站子系统主要负责管理车站内的 PIS 系统,它集中监控本车站内的 PIS 系统设备,接收中心子系统的数据,并发至车站内的 PIS 系统的每一个显示终端,除此还负责外部系统数据的导入、导出,控制站内 PIS 系统每一显示终端的信息发布和站务信息的编辑保存。其主要设备有车站服务器、车站操作工作站、显示控制器和各类显示终端。

(3) 广告制作子系统。广告制作子系统主要用于广告节目的制作和播放,它提供直观方便的界面供业界人员与广告制作人员制作广告节目、编制广告时间表、控制指定的显示屏或显示屏组播放显示指定的时间表,并将制作好的素材经审核通过后通过网络传输到控制中心和各车站进行播出。

3. 乘客信息系统的优先级

(1) 紧急灾难信息的优先级最高,然后是列车服务信息、旅客导向信息、站务公共信息和商业信息。

(2) 高优先级信息可以中断低优先级信息的播出;当高优先级信息被触发时,低优先级信息被中断而停止播出。

(3) 如果出现紧急信息,自动进入紧急信息播出状态,其他信息播放终止,系统以醒目的方式提醒乘客紧急疏散,直到警告解除为止。

(4) 相同优先级的信息,按信息产生的先后顺序播出。

三、电扶梯系统

1. 手扶梯

（1）概念。自动扶梯是带有循环运动梯路向上或向下倾斜（一般采用30度倾角）输送乘客的固定电力驱动设备，如图1.15所示。客流量较大的车站中，自动扶梯是最便利、最迅速的升降设备。

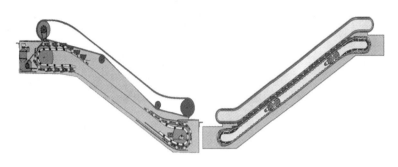

图1.15 自动扶梯

（2）特点。自动扶梯的优点是运送效率高，可减轻乘客疲劳，出故障时仍可作为楼梯使用；缺点是造价较高。各国城市轨道交通车站中普遍采用了自动扶梯，我国城市轨道交通车站根据具体情况，自动扶梯采取一次安装或分期安装。

（3）布置要求。当车站出入口提升高度超过10 m时，需设上行自动扶梯；超过12 m时，除需设上行自动扶梯外还应设下行自动扶梯。站厅与站台的高度差在5 m以内时，需设上行自动扶梯；高度差在5 m以上时，除需设上行自动扶梯外还应设下行自动扶梯。站厅层至站台层乘客使用的自动扶梯，应设在付费区内。布置自动扶梯时，应参考下列规定：

① 自动扶梯相对布置时，两自动扶梯工作点间距不小于20 m；
② 自动扶梯工作点至墙的距离，在站台层处不小于8.5 m，在出入口处不小于6 m；
③ 自动扶梯与楼梯相对布置时，中间的距离不宜小于15 m；
④ 自动扶梯工作点至检票口距离不宜小于10 m；
⑤ 分段布置自动扶梯时，两段之间的距离应不小于8.5 m。

有无设计障碍要求以及在车站站房区内、站厅层至站台层之间宜设垂直电梯，以方便残疾人使用。电梯应设封闭前室并符合防火规范规定。

（4）使用与应急处置：

① 使用。车站人员应引导乘客正确搭载手扶梯（站立右侧，左侧留出，右手扶手带），对乘客不正确使用自动扶梯的行为应及时制止，以免发生危险。若自动扶梯运行时突然加减速、有异常声音或振动，应阻止乘客继续搭乘，待无人后停止运行，并通知专业人员检修。

自动扶梯的运行状况可在车控室内进行监控。

② 应急处置。当发生火灾时，车站的自动扶梯须停止运行，作为固定楼梯来疏散乘客。

2. 垂直电梯

（1）概念。电梯是一种以电动机为动力的垂直升降机，装有箱状吊舱，用于多层建筑乘人或载运货物,如图1.16所示。

图1.16 垂直电梯

(2)设置要求。车站垂直电梯设置在出入口、站厅层和站台层,一般是给有需要的人士使用的,如伤残人士和携带大件行李的乘客。

(3)使用与应急处置:

① 使用。电梯使用中的一些要点:电梯不能超载运行,人员超载时请主动退出;乘客绝对不允许携带易燃、易爆品;当电梯发生异常现象或故障时,应保持镇静,可拨打轿厢内救援电话,切不可擅自撬门,企图逃出轿厢;乘客不准依靠轿厢门,不准在轿厢内吸烟和乱丢废物,以保持轿厢内的清洁与卫生;乘客要爱护电梯设施,不得随便乱按按钮和乱撬厢门,等等。

② 应急处置。当发生火灾、停电时,车站工作人员务必到现场确认电梯是否困人,如果困人请按照项目七任务二中的电梯困人应急处理流程处置;如果没有困人,应将电梯关闭。

四、疏通导流设施

1. 功能

疏通导流设施的主要功能是引导乘客安全、顺畅、快速地完成整个出行,避免乘客滞留引起车站拥堵;在紧急疏散时,还可以清晰地引导乘客顺利离开危险区。

2. 类型

疏通导流设施主要有导流带、警戒带、活动围栏(铁马)、固定围栏、临时公告、临时导向标识等,如图1.17至图1.22所示。

图 1.17　导流带

图 1.18　警戒带

图 1.19　铁马

图 1.20　固定围栏

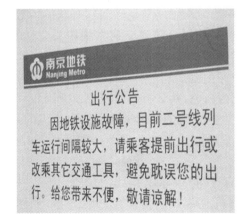
图 1.21　临时公告

图 1.22　临时导向标识

五、导向标识系统

1. 概念

导向标识系统是指引乘客安全、便捷地进站、乘车、出站和换乘等行为而连贯设置于站内、站外和列车上的一系列标识的总称,包括在紧急情况下进行客流疏散所设置的紧急疏散标识。

2. 分类

(1) 按其发挥的作用可分为:确认标识、导向标识、综合信息标识、禁止标识、安全警告标识、消防安全标识等。

① 确认标识:用以标明某设施或场所的图形标识,如图 1.23 所示。

② 导向标识:用以向乘客提供某设施或场所方向指示的图形标识,如图 1.24 所示。

图 1.23 确认标识

图 1.24 导向标识

③ 综合信息标识:用以表达乘客所需要了解的与城市轨道交通系统相关信息的图形标识,如图 1.25 所示。

④ 禁止标识:是禁止乘客不安全行为的图形标识。禁止标识的几何图形是带斜杆的圆环,图形符号为黑色,集合图形为红色,背景色为白色,共 23 种,如图 1.26 所示。

⑤ 警告标识:是提示乘客注意,避免可能发生的危险的图形标识。警告标识的几何图形是正三角形边框,图形符号、集合图形为黑色,背景色、衬边为黄色,共 28 种,如图 1.27 所示。

⑥ 指令标识:是告诉乘客与相关人员必须遵守"指令标识"规定的图形标识。指令标识的几何图形是圆形边框,图形符号、衬边为白色,背景色为蓝色,共 12 种,如图 1.28 所示。

⑦ 提示标识:是向乘客及有关人员提示某种信息(如标明安全设施或场所)的图形标识。提示标识的几何图形是矩形,图形符号、衬边是白色,背景色是绿色,如图 1.29 所示。

⑧ 其他标识。

图 1.25　综合信息标识　　　　　　　图 1.26　禁止标识

图 1.27　警告标识　　　　　　　　　图 1.28　指令标识

图 1.29　提示标识

（2）按其材质可分为：通电发光导向标识、蓄能或蓄电发光导向标识、不发光导向标识等。

① 通电发光导向标识：一般导向标识采用通电发光式，悬挂在天花板下，外接电源发光。如：各出入口方向、乘车导向标识和闸机上方状态指示标识等。

② 蓄能或蓄电发光导向标识：主要用于疏散导向标识，通过平时蓄能或蓄电，在没有照明时能自动或主动发光，引导乘客紧急疏散到站外。

③ 不发光导向标识：主要指一些地面信息、安全警示、公共告示和温馨提示等标识。

(3) 按其引导的目的可分为：进站导向标识、出站导向标识、换乘导向标识及疏散导向标识等。

① 进站导向标识：将乘客从地面经由出入口、通道、站厅非付费区、进站检票口、楼扶梯、站台引导至所乘目的列车的导向标识。主要包括：站外路引（沿城市轨道线路方向500 m范围内连续设置）、站名、站内乘车导向（按20～30 m距离连续设置）、售票导向及定位、检票口定位、乘车导向、行车方向导向等标识，如图1.30所示。

图1.30 进站导向标识

② 出站导向标识：将乘客从城市轨道交通列车引导至目的地车站，经由站台、楼扶梯、出站检票口、站厅非付费区、通道、出入口直至地面的导向标识。主要包括：楼扶梯导向、换乘导向、地面信息、出口导向（按20～30 m连续设置）等标识，如图1.31所示。

图1.31 出站导向标识

③ 换乘导向标识：将乘客从某线路的站台引导至另一条线路的站台，经由站台、楼扶梯、站厅付费区、楼扶梯至另一站台的导向标识。主要包括：楼扶梯导向、换乘导向、乘车导向等标识，如图1.32所示。

图1.32　换乘导向标识

④ 疏散导向标识：自站台设备区和公共区一直至出入口，车站在天花板下方或沿地面和墙壁连续设置的疏散标识（包括在隧道墙壁上连续设置引导至车站方向的疏散标识），引导乘客在紧急情况下迅速疏散。一般采用蓄能或蓄电发光导向标识，如图1.33所示。

图1.33　疏散导向标识

六、广播系统（Public Address，PA）

广播是车站值班员和控制指挥中心调度员对车站办公用房和站内乘客进行公众语音广播的主要设备，需要时可对车站乘客公共区播放音乐。当车站发生火灾等灾难时，广播系统可以兼做消防广播，对车站所有区域进行乘客疏导广播。车站值班员只对本站广播，控制中心调度员可对全线广播。

1. 广播系统的分类

根据广播对象的不同，广播系统可划分为对乘客的广播和对运营人员的广播。

对乘客的广播：主要作用是向乘客及时通报城市轨道交通运行信息，播放音乐改善候车环境,紧急情况时组织乘客疏散和安抚乘客。

对运营人员的广播:主要作用是发布有关通知,紧急召唤检修、抢修人员等。

2. 广播系统的优先级

广播系统由控制中心和车站两级控制。正常情况下以车站广播为主,在事故抢险、组织指挥时,以控制中心广播为主。

控制中心广播:控制中心工作人员可以通过控制中心广播控制终端对全线任意一个车站或多个车站、任意车站的任一选区或多个选区进行话筒、语音、线路等选择广播。其中控制关闭的优先级顺序是环控调度员高于行车调度员,行车调度员高于维护调度员。控制中心广播高于车站广播。

车站广播:车站工作人员可以通过车站广播控制终端对本站所有管辖区域范围的全选区、多个选区或单个选区进行话筒、语音、线路广播和背景音乐广播。车站广播包括现场广播和预先录制广播。其中,预先录制广播又包括紧急广播、最后班车广播、服务中止广播、站台自动广播、背景音乐广播等。

模 拟 实 验

安排学生现场调研与查阅资料编写出城市轨道交通车站设备设施的种类、布置及其在客流组织中的应用。

思 考 练 习

1. 简述自动售检票系统的功能与组成。
2. 简述乘客信息系统的显示与组成。
3. 简述自动扶梯系统的概念、特点、布置要求及使用、应急处理方法。
4. 简述疏通导流设施的功能与类型。
5. 简述导向标识系统的定义与分类。
6. 简述广播系统的分类与优先级。

项目二　车站行政管理

任务一　车站站务组织架构

知识要点

1. 车站站务人员组织架构；
2. 车站层级管理。

任务目标

1. 熟悉车站站务人员组织架构；
2. 熟悉车站层级管理。

一、车站管理模式及组织架构

车站是城市轨道交通系统的重要组成部分，是运营企业与服务对象的主要联系环节。车站管理的核心任务是安全、迅速、方便地组织客流集散，并做好行车组织工作。随着城市轨道交通设施设备的不断变化，我国各大城市轨道交通车站的设备设施及岗位设置也不尽相同，各客运岗位的工作职责及作业程序也存在很大差异。城市轨道交通车站以安全、高效地运输乘客为宗旨，车站应该根据行车计划、施工计划以及客运组织计划等生产任务的要求建章立制，合理设置岗位及组织排班，并有序安排各岗位员工履行职责，协调运作。图2.1为国内多数城市城市轨道交通运营企业车站站务人员组织架构形式。

车站常驻人员包括值班站长、车站值班员（行值和客值）、督导员、站务员、保安员、保洁员、AFC设备维修人员、城市轨道交通公安等。

二、车站层级管理

我国绝大多数城市轨道交通都是由值班站长负责车站内日常管理事务的，在正常情况下车站实行层级负责制，由上至下依次为站长、值班站长、值班员、站务员。信息汇报实行逐级汇报，由下至上依次为站务员、值班员、值班站长、站长。

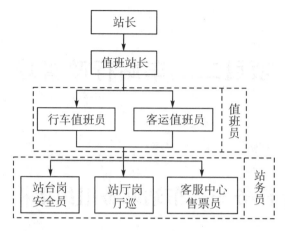

图 2.1 轨道交通站务室组织架构

模 拟 实 验

安排学生对全国主要城市轨道交通运营企业车站岗位设置进行调查分析。

思 考 练 习

1. 用树状图的形式画出轨道交通站务室组织架构。
2. 简述车站层级管理制度。

任务二 车站各岗位工作职责

知 识 要 点

1. 站长的岗位职责；
2. 值班站长的岗位职责；
3. 车站值班员的岗位职责；
4. 站务员的岗位职责；
5. 保安员的岗位职责；
6. 保洁员的岗位职责。

任 务 目 标

熟悉车站各岗位的工作职责。

按照车站站务室的组织架构图，值班站长的直属下级为车站值班员（又称综控员或督导员），车站值班员的直属下级为站务员，各岗位工作职责如下。

一、站长的岗位职责

站长负责全站的行车、客运和票务管理,乘客服务,事故处理,员工管理,班组管理,安全管理,员工培训等工作。站长不在车站时,授权当班值班站长管理车站日常工作。

1. 行车、客运和票务管理

(1) 领导、监督值班站长的行车、客运和票务工作;
(2) 定期计划、检查、总结车站行车、客运和票务工作;
(3) 组织车站行车、客运和票务工作,编制、执行车站行车、票务和客运组织方案。

2. 乘客服务

(1) 领导、监督车站乘客服务工作,为乘客提供优质服务;
(2) 处理乘客投诉、来信、来访;
(3) 汇总服务案例、服务技巧,提高员工服务质量。

3. 事故处理

(1) 车站发生事故时作为事故处理主任承担相关工作;
(2) 组织车站员工处理事故,尽快恢复正常运营;
(3) 经常检查车站安全隐患。

4. 员工管理

(1) 监督各层级人员的管理情况,统筹安排并协调各岗位的工作;
(2) 定期进行员工教育,掌握员工思想状况;
(3) 对车站员工进行考核;
(4) 每月汇总、公布车站考核情况;
(5) 对保安、保洁人员进行监督检查管理,考核其工作质量。

5. 班组管理

(1) 每月根据上级要求和车站实际情况审核班组工作计划,并对班组工作质量进行考核;
(2) 监督班组管理成员工作;
(3) 解决车站各班组出现的问题;
(4) 每月定期召开班组管理成员会议。

6. 安全管理

(1) 组织突发、紧急情况下的车站运作,确保车站行车、客运、票务、消防、治安、人身的安全;
(2) 进行车站日常安全检查,发现隐患并督促落实整改;
(3) 每月进行安全教育、总结。

7. 员工培训

(1) 根据上级的要求和车站培训的需求制订车站培训计划;
(2) 按车站实际情况安排培训工作;
(3) 定期检查培训效果,进行培训总结。

二、值班站长的岗位职责

值班站长负责本班全站日常的行车、客运和票务管理,乘客服务,事故处理,班组管理,安全管理,员工培训等工作。站长不在车站时,值班站长接受站长授权,管理车站日常工作。

1. 行车、客运和票务管理

(1) 服从行调指挥,执行行调命令;
(2) 监督值班员接发列车;
(3) 监督操作 LOW(联锁工作站);
(4) 组织乘客购票乘车;
(5) 在站长领导下,组织突发、紧急情况下的车站运作;
(6) 根据需要巡站检查和指导车站各岗位的工作;
(7) 确保车票、现金安全;
(8) 监督票务流程的执行,监督车站 AFC 设备运作情况。

2. 乘客服务

(1) 处理乘客的服务需求;
(2) 处理乘客投诉、来信、来访、纠纷等;
(3) 根据服务标准解决与乘客有关的问题,提供优质服务;
(4) 处理、汇总本班的服务事件、服务问题,并及时向站长汇报;
(5) 对站内服务设施、站外导向、告示牌等进行巡视、管理。

3. 事故处理

(1) 当站长不在车站时,作为事故处理主任承担相关工作,按应急方案操作;
(2) 组织相关员工处理事故,尽快恢复正常运营;
(3) 及时向行调报告处理情况。

4. 班组管理

(1) 每月根据上级要求和车站实际情况制订班组工作计划,并对班组工作进行总结;
(2) 按规定在班前组织召开接班会,在班后组织召开交班会;
(3) 合理安排岗位,协调岗位工作;
(4) 对当班人员劳动作业纪律进行监督、检查、考核;
(5) 掌握员工思想状况,对当班员工进行思想教育;
(6) 对保安、保洁人员进行监督检查管理,考核其工作质量;
(7) 每月召开一次班组会议;
(8) 解决本班组出现的问题。

5. 安全管理

(1) 确保行车安全以及车站员工与乘客的人身安全;
(2) 确保车站收益安全;
(3) 监督车站治安安全、消防安全工作;
(4) 进行车站日常安全检查;

(5) 及时向站长汇报安全情况。

6. 员工培训

(1) 组织实施车站本班培训工作；

(2) 定期总结本班培训工作，提出改进意见。

三、车站值班员的岗位职责

车站值班员按作业性质不同可以分为行车值班员与客运值班员。

1. 行车值班员

常分为运营时间的行车值班员与非运营时间的行车值班员，如图 2.2 所示。

图 2.2　某城市轨道交通车站行车值班员

(1) 在值班站长的领导下，负责车站行车组织工作；

(2) 负责监控和操作 LOW/LCW、各设备系统终端界面、IBP 盘，通过 CCTV 监视各区域情况；

(3) LOW/LCW 停用时负责组织人工接发列车；

(4) 在线路施工和工程列车开行时安排好安全防护工作，负责车站施工作业登销记管理、施工安全监控、施工负责人管理等工作；

(5) 做好对乘客的广播；

(6) 协助值班站长管理站务员；

(7) 按分公司、客运中心应急信息汇报程序及时上报车站各类应急信息。

2. 客运值班员

常分为早班客运值班员与晚班客运值班员，如图 2.3 所示。

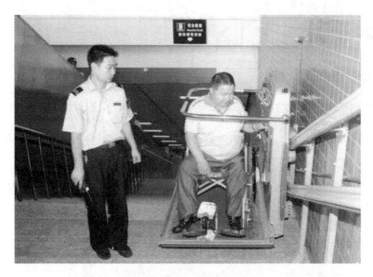

图 2.3 某客运值班员使用残疾人呼叫设备

（1）在值班站长的领导下，主管车站客运、票务管理，组织站务员从事客运服务工作；
（2）负责车票、钱款（含备用金）的配发、回收及保管工作；
（3）车站营收统计工作，各种票务收益单据的申领、填写及保管；
（4）负责车站票款解行的实施和安全；
（5）协助值班站长管理站务员，处理乘客事务，提供优质服务；
（6）监督站务员在岗工作情况；
（7）在非运营时间统计汇总当日营收情况；
（8）巡视车站，维护车站安全，防止意外事件发生；
（9）根据车站安排开、关出入口。

四、站务员的岗位职责

站务员按照不同的工作内容又可以划分为三个不同的岗位：客服中心岗（售票员）、站台岗（安全员）、站厅岗（厅巡）。

1. 客服中心岗（售票员）的岗位职责

（1）在客运值班员领导下，负责客服中心工作，按规定处理与乘客相关的票务事宜；
（2）按规定时间开关售票窗口；
（3）兑零、售票时，严格执行"一收、二唱、三操作、四找零"的作业程序，准确兑零、售票，按规定提示乘客确认兑（找）零金额、票卡面值；
（4）负责车站客服中心相关的询问工作，热情接待乘客，对乘客提出的问题，按规定妥善解决，如图 2.4 所示；
（5）对无法通过自动检票机的票卡进行分析，并按规定处理；
（6）完成相应票务报表的填写，准确填写结算单，向客运值班员交清当班票款，发现问题及时汇报；
（7）会使用票务设备，负责客服中心内设备的管理及卫生清洁，并确保客服中心门随时可处于锁闭状态；

(8) 加强防范，确保票款安全。

图 2.4　某城市轨道交通车站票务员

2. 站厅岗(厅巡)的岗位职责

(1) 注意站厅付费区、非付费区乘客的动态，发现有违反城市轨道交通规定的行为要及时制止；

(2) 帮助乘客，回答乘客询问，特别要注意老、弱、病、残、孕等需要帮助的乘客，如图2.5所示；

图 2.5　某城市轨道交通车站厅巡

(3) 协助值班站长、值班员及时进行更换钱箱、票箱，引导不能正常进出闸的乘客到客服中心处理；

(4) 负责站厅边门的管理，对通过边门进出的人员进行严格登记；

(5) 向客运值班员报告处理不了的问题；

(6) 留意地面卫生，通知保洁人员对水渍、杂物等及时进行清理和设置警示牌，防止乘客摔倒；

(7) 负责检查自动扶梯的状态是否良好；

(8) 留意进站重点乘客（年老体弱者、小孩、神色异常者、残疾人、携大件物品的乘客等），为他们提供帮助，及时发现隐患并通知其他岗位，必要时通知车控室，以便通知目的地车站接应；

(9) 多留意扶梯口，发现乘客在徘徊、试探上扶梯时应及时指导或指引其走楼梯、乘坐垂直电梯；

(10) 注意乘客携带的物品，严禁乘客携带"三品"（易燃品、易爆品、有毒品）进站；

(11) 发现乘客携带超大、超长、超重物品时禁止其进站乘车，并对乘客耐心解释；

(12) 当值班站长、客运值班员不在站厅时，负责接受乘客的口头表扬、投诉或建议，做好记录并及时向客运值班员、值班站长汇报；

(13) 发现精神异常、醉酒的乘客应禁止其进站乘车，及时汇报车控室，必要时请求警务人员或其他同事协助，并注意自我保护；

(14) 在站厅、出入口范围发生治安、安全事件时，要及时赶到现场，注意保护好现场，寻找两名及以上目击证人，有资格人员可对伤者使用外用药；

(15) 在站厅、出入口范围发现非城市轨道交通宣传品时，应及时采取措施并报告车控室；

(16) 运营时间内每两小时巡视一遍出入口并将巡视情况报车控室，车控室作记录。发现有故意损坏或偷窃城市轨道交通设备设施行为时应及时制止，并及时报告车控室；

(17) 负责站厅、出入口的客流组织工作，及时疏导乘客，防止乘客过分拥挤，及时向车控室汇报客流变化情况；

(18) 负责站厅票务的安全保卫工作。

3. 站台岗（安全员）的岗位职责

(1) 负责维护站台秩序，当客车进站时应尽量于紧急停车按钮附近站岗，发现危及行车、人身安全时应及时通知司机或按压紧急停车按钮；

(2) 向乘客宣传站在安全线内候车，维护站台秩序，组织乘客有序乘降，对车门/安全门关闭时乘客抢上抢下的行为予以制止；

(3) 监督车门/安全门关闭情况，发现夹人、夹物时应及时用电台通知司机，若司机无回应，立即按压紧急停车按钮，并及时汇报车控室；

(4) 检查站台乘客候车动态，帮助乘客，回答乘客询问，发现有违反城市轨道交通规定的行为要及时制止；

(5) 列车到达间隔巡视整个站台，发现问题及时采取相应处理措施；

(6) 站台站务员与司机之间有互联互控的责任，发生异常情况时通知司机，司机必须回应，司机要求车站协助时，车站须按规定给予配合（如 NRM 监控、车门故障协助处理等）。

五、保安员的岗位职责

(1) 站台保安岗负责本班站台相关作业标准，处理各种突发事件；

(2) 站厅保安岗负责本班车站巡视,帮助有需要的乘客,处理客伤事务,处理各种突发事件。

六、保洁员的岗位职责

(1) 站台保洁岗负责站台的清洁卫生,在车站发生突发事件时,协助车站人员进行处理;

(2) 站厅保洁岗负责站厅的清洁卫生,在车站发生突发事件时,协助车站人员进行处理。

模 拟 实 验

按照车站各岗位职责安排学生分角色扮演模拟城市轨道交通车站运营现场,并组织小组讨论岗位职责行使过程中有必要注意与补充的事项。

思 考 练 习

1. 写出值班站长的岗位职责。
2. 写出客运值班员的岗位职责。
3. 写出站务员的岗位职责。

任务三　车站各岗位工作流程

知 识 要 点

1. 值班站长的工作流程;
2. 行车值班员的工作流程;
3. 客运值班员的工作流程;
4. 票务员的工作流程;
5. 厅巡的工作流程;
6. 安全员的工作流程;
7. 站厅保安与站台保安的工作流程;
8. 保洁的工作流程。

任 务 目 标

1. 掌握车站各岗位工作流程;
2. 掌握车站各岗位工作基本内容与要求。

一、值班站长的工作流程

1. 班前

(1) 到车控室在"车站工作人员签到簿"上签到,见附录1,与交班值班站长碰面了解情况。

(2) 查看"值班站长日志",见附录2。具体填记内容如表2.1所示。

表2.1 值班站长日志主要填写内容

序 号	项 目	内 容
1	行 车	1. 列车运行情况;2. 相关新通知;3. 施工情况
2	乘客服务	乘客事务
3	票 务	1. 票务新通知;2. 客运值班员工作情况
4	其他事项	上级临时安排或车站发生的事情
5	重点事项	重点工作的完成时间和负责人

(3) 到会议室组织召开接班会。

(4) 与交班值班站长进行交接,交接内容如下:

① 钥匙、对讲设备等备品;

② "值班站长日志"、"车站防火巡视登记簿"(附录5)等台账;

③ 文件、通知、电子邮件,核实上一班完成或未完成的工作,在接班中模糊、有疑点的问题要问清楚;

④ 其他一些有必要做口头说明的事项。

(5) 完成交接后要在"值班站长日志"上签名,签名后如因交接不清而出现问题时则由接班值班站长负责。

2. 班中

(1) 安排好各岗位的工作。突发事件、事故发生时及时到现场了解清楚后处理,需要时报告行调,并按应急信息汇报程序向站长、客运中心主任(副主任)、安全监察部汇报。

(2) 巡站:

① 按要求巡视车站(每次间隔不得超过两小时),检查、指导各岗位的工作,及时帮助各岗位完成工作任务;

② 巡视检查各岗位工作情况,落实"两纪一化"和各岗位职责的执行,填写"值班站长日志"、"车站防火巡视登记簿",做好本班组的考勤记录和考核工作。

(3) 五检查:

① 检查边门进出及"车站边门登记簿"(附录8)的登记情况;

② 检查本班所填写的台账:"车站工作人员签到簿"、"钥匙借用登记簿"(附录3)、"收文登记簿"(附录4)、"行车日志"(附录6)、"设备故障登记簿"(附录7)、"手摇把使用登记簿"(附录9)、"消防(车控室)值班记录簿"(附录10);

③ 检查本班票务工作,审核本班报表;

④ 检查指导各岗位安全、行车、票务、乘客服务工作;

⑤ 按照岗位分工,检查各岗位开关站的准备情况及开关站工作。

(4) 八注意:

① 按要求处理好车站的工作和当班事务并做好记录,属于本班处理的工作不留到下一班;

② 利用关站后时间组织本班员工学习文件、开展培训和演练；
③ 整理文档，做好车站内务工作，监督文明办公和车站卫生，监督其他部门员工在车站的工作情况；
④ 整理总结本班工作，有条理地记录需交接的事项，做到不漏项，对一些需下一班完成的工作和注意事项要重点注明；
⑤ 向行车值班员交代好日班施工及夜班施工的注意事项；
⑥ 督促保洁员做好站台、站厅、出入口等卫生工作；
⑦ 及时与驻站公安部门进行沟通和协调，互通有无，信息共享；
⑧ 下班前与接班值班站长进行工作交接，交接清楚、完整后签名。

3. 班后

(1) 组织召开班后总结会，做好本班的班后总结，具体内容如表2.2所示；
(2) 到车控室在"车站工作人员签到簿"上签名下班。

表2.2 总结会内容

序 号	内 容
1	总结本班安全生产、客运服务、设备运行等情况
2	公布本班"两纪一化"情况
3	表彰本班好人好事

【案例1】

表2.3为某城市轨道交通车站值班站长一日工作流程。

表2.3 某城市轨道交通车站值班站长一日工作流程

时 间	内 容
8:30	到站签到，换好制服，和夜班值站在车控室先进行口头上的交接
8:40	准时到达会议室，夜班值站组织交接班会议，白班值站布置白班演练内容、考勤当班人员是否到岗以及检查仪容仪表
9:00~11:00	1. 对前面班组打印的文件进行传阅，确保当班人员及时签阅 2. 确定白班巡站人员（每两小时一次） 3. 根据演练计划，制定本日桌面/跑位演练内容，拟订演练程序初稿，安排培训组人员对间休员工在站务室进行演练内容的初步学习 4. 监督行值的行车工作、施工请销点工作以及其他岗位的在岗情况 5. 查阅车站办公QQ、OA邮箱信息，有信息及时记录 6. 对车站出入口、站台、站厅、设备区进行巡视，发现问题及时记录并汇报，做好消防/综合安全巡查记录
11:00~12:00	顶替行值吃饭以及自己吃午饭

续表

时　间	内　容
12:00～15:00	1. 完成每周本日固定上交的表格 2. 完成本日上级下发需要完成的文件 3. 组织除行值、站台岗以外的其他人员进行本日演练，做好岗位分配以及对各岗位的观察 4. 完成本日演练报告和参加人员的个人演练记录表（可安排培训组人员）
15:00～16:00	1. 根据本周培训周计划，安排相关知识较扎实的人员对其他人员进行任务、规章文本的学习 2. 随机对当班人员进行规章抽问，并在"值班站长日志簿"中体现
16:00～16:45	1. 安排人员进行房间卫生的打扫（车控室、站务室、男女更衣室、会议室） 2. 检查当班所有台账的完成情况
16:45～16:50	和夜班接班值站在车控室进行口头上的交接
16:50～17:10	所有人员（除车控室留一名白班行值）到会议室，由白班值站组织召开交接班会议，就一天工作内容以及当班作业完成情况进行总结。未完成事项传达给接班班组，重要事项传达至夜班班组，并由夜班班组进行再传达，确保所有班组知晓
17:10～18:00	顶替晚班行值吃饭，以及自己吃晚饭
18:00～23:00	1. 完成晚班值站需要完成的定期上交表格以及当天白班交接下来的未完成事项 2. 对晚班人员进行规章抽问并在"值班站长日志簿"中体现 3. 对晚班人员进行当天培训计划中任务的学习 4. 对车站出入口、站台、站厅、设备区进行巡视，做好消防/综合安全巡查记录
23:00～次日 6:30	协助、监督行值做好施工的请销点登记，并进行车站巡查
次日 6:30～次日 7:30	接行调调令，进行车站运营前检查，并填写车站运营前安全检查记录簿
次日 7:30～次日 8:30	1. 检查夜班相关台账的填写情况 2. 组织对各房间卫生进行打扫

二、行车值班员的工作流程

1. 班前

（1）上岗前到车控室在"车站工作人员签到簿"上签到。

（2）到会议室参加班前接班会。

（3）与交班行车值班员进行交接，交接内容：行车备品情况；钥匙、对讲机、扩音器领用、归还情况；"钥匙借出登记簿"、"施工登记簿"、"行车日志"、"设备故障登记簿"、"手摇把使用登记簿"、"消防（车制室）值班记录簿"、"调度命令登记簿"、"收文登记簿"等台账；上级命令、指示、文件和通知;上一班未完成的内容(施工作业、设备故障等);安全注意事项和工作重点要求。

(4) 在"行车日志"上签名,登记进入 LOW/LCW。

2. 班中

(1) 正常情况下监控 LOW/LCW、各设备系统终端界面、IBP 盘,通过 CCTV 监视各区域情况;

(2) 首列电客车出段/场前 30 分钟,按规定完成试验道岔、安全门开关试验,组织人员检查线路出清情况,并及时报告行调(如施工工具、备品有无撤除等);

(3) 首班载客车到达前 30 分钟,检查环控设备运行情况;

(4) 首班载客列车到达前 15 分钟打开车站照明,与客运值班员联系,确认 AFC 设备、电扶梯已开启;

(5) 全面负责车站行车组织,负责车站广播播放、文件收发;

(6) 做好各项施工请销点登记手续,做好施工和工程列车开行的安全防护措施;

(7) 检查、管理对讲机、应急灯、红闪灯等需要充电设备的充电情况;

(8) 末班车开出前 10 分钟开始广播,末班车开出前 5 分钟通知客运值班员关闭 TVM、进站自动检票机;

(9) 末班车开出后按时广播,关闭一般照明、广告照明;

(10) 做好车站的钥匙、对讲机等借、使用登记手续;

(11) 发生突发事件时第一时间内报告行调和值班站长,并按指示处理;

(12) 检查"钥匙借出登记簿"、"施工登记簿"、"行车日志"、"设备故障登记簿"、"调度命令登记簿"等台账是否漏填、错填;

(13) 与下一班行车值班员做好交接班,注销退出 LOW/LCW。

3. 班后

(1) 参加班后总结会;

(2) 到车控室在"车站工作人员签到簿"上签名下班。

【案例 2】

表 2.4 为某城市轨道交通车站行车值班员一日工作流程。

表 2.4　某城市轨道交通车站行车值班员一日工作流程

时　间	内　容
8:20	在"车站工作人员签到/签退登记表"签到
8:20~8:30（当班主值8:15到经行交接）	更换工作服（整理仪容仪表、工作证佩戴、劳保用品穿戴）
8:15~8:25	1. 调度命令交接，了解行调重要通知和指示；时刻表、行车通告的交接；了解公司重要通知 2. 备品备件的交接（信号旗、信号灯、红闪灯、手电、手台、防爆灯、扩音器、安全帽、荧光衣、手摇把、钩锁器、车站章、钥匙、空白调度命令、上下行路票）；白班行值在本人签到的一栏后标清接收的备品备件数量 检查交接台账（"行车日志"、"车站日志"、"车站施工登记表A/C类"、"调度命令登记簿"、"车站控制室进/出登记簿"、"车站消防/综治安全巡查登记簿"、"车站钥匙/物品借用登记簿"、"车站设施设备保修登记簿"、"车站运营前检查安全登记簿"等） 3. 卫生交接
8:30~8:45	交接班会议：前一班次工作总结（注意事项）未完成事项交接，重要文件通知；当日时刻表；当天工作内容；当日培训演练；岗位安排；卫生负责人；周一、周二、周三、周四日常安全教育培训学习
9:00~11:00 12:00~15:00	1. 注意桌面整洁，与工作无关的物品不要出现在桌面上 2. 注意电话礼仪，使用文明用语 3. 严格按照规定管理相关备品，保证其数量正确、摆放位置正确、状态良好 4. 在车站日志上记录行调发布口头命令的时间点及内容 5. 试运行期间严格遵守规章作业，主值排列进路，副值复诵确认并做好监控，要做到手指口呼，在"行车日志"记点，并及时向邻站和行调报点；采用电话闭塞法行车时，严格按照规章作业 6. 做好施工作业请销点登记。A类施工要查看施工行车通告，与行调核对作业代码、作业部门、作业时间、作业内容、作业区域、接触网供电安排、配合要求、施工负责人、防护措施、备注，如施工方无施工负责人身份不符或无施工负责人证，拒绝请点。C类施工要和施工方确认作业部门、作业时间、作业内容、作业区域，如有动火需要，需请施工方出示动火作业令，如无，拒绝请点；如有进入端门的施工，需向行调请求后得到批准，方可同意请点。各项施工开始前需通知站台岗做好监控，防止施工人员作业超出作业区域，或进入错误的作业区域。施工结束，确认施工人员及工器具出清，相关设备设施恢复正常，无影响行车安全的因素后方可同意销点 7. 遇ATS/LOW故障，及时通知行调，并记录好故障时间和故障现象 8. 将巡站时间及巡站结果在"车站日志"、"车站消防/综治安全巡查登记簿"上记录 9. 发生紧急事件，及时报值站和行调 10. 车站设施设备发生故障，经确认报维调和相关部门，并做好记录 11. 接到书面调度命令，主值记录，副值复诵，并登记在"调度命令登记簿"上 12. 有人员进出车控室，要做好登记 13. 有钥匙及物品借用时，请借用人出示证件，做好登记。归还时，要核对钥匙数量、物品状态 14. 车站所有重要事件的时间点和内容，要在"车站日志"上体现
11:30~12:00	备班值班员、值站顶替主值、副值吃饭

续表

时　　间	内　　容
15:00～16:00	配合值站做好演练和培训,并在结束后做好记录
16:00～16:45	1. 备班值班员配合人员进行房间卫生的打扫(车控室、站务室、男女更衣室、会议室) 2. 整理备品备件,在"车站日志"上说明,在交班行值栏上签字 3. 在"调度命令登记簿"和"行车日志"上加盖交接班章 4. 与值站共同确认所有台账的完成情况
16:40～16:50	1. 调度命令交接,行调重要通知和指示;时刻表、行车通告的交接;公司重要通知 2. 备品备件的交接(信号旗、信号灯、红闪灯、手电、手台、防爆灯、扩音器、安全帽、荧光衣、手摇把、钩锁器、车站章、钥匙、空白调度命令、上下行路票);白班行值在本人签到的一栏后标清接受的备品备件数量 检查交接台账("行车日志"、"车站日志"、"车站施工登记表 A/C 类"、"调度命令登记簿"、"车站控制室进/出登记簿"、"车站消防/综治安全巡查登记簿"、"车站钥匙/物品借用登记簿"、"车站设施设备保修登记簿"、"车站运营前检查安全登记簿"等) 3. 卫生交接
16:50～17:10	除白班主值,所有人员到会议室,由白班值站组织召开交接班会议,对一天工作内容以及当班作业完成情况进行总结。未完成事项传达给接班班组,重要事项传达至夜班班组,并由夜班班组进行再传达,确保所有班组知晓
17:10～次 8:30	1. 注意桌面整洁,与工作无关的物品不要出现在桌面上 2. 注意电话礼仪,使用文明用语 3. 严格按照规定管理相关备品,保证其数量正确、摆放位置正确、状态良好。在车站日志上记录行调发布口头命令的时间点及内容 4. 试运行期间严格遵守规章作业,主值排列进路,副值复诵确认并做好监督,要做到手指口呼,在"行车日志"记点,并及时向邻站和行调报点;组织电话闭塞法行车时,严格按照规章作业 5. 做好施工作业请销点登记。A 类施工要查看施工行车通告,与行调核对作业代码、作业部门、作业时间、作业内容、作业区域、接触网供电安排、配合要求、施工负责人、防护措施、备注,如施工方身份不符或无施工负责人证,拒绝请点。C 类施工要和施工方确认作业部门、作业时间、作业内容、作业区域,如有动火需要,需请施工方出示动火作业令,如无,拒绝请点;如有进入端门的施工,需向行调请求后得到批准,方可同意请点。各项施工开始前需通知站台岗做好监控,防止施工人员作业超出作业区域,或进入错误的作业区域。施工结束,确认施工人员及工器具清,相关设备设施恢复正常,无影响行车安全的因素后方可同意销点 6. 遇 ATS/LOW 故障,及时通知行调,并记录好故障时间和故障现象 7. 将巡站时间及巡站结果在"车站日志"、"车站消防/综治安全巡查登记簿"上记录 8. 发生紧急事件,及时报值站和行调 9. 车站设施设备发生故障,经确认报维调及相关部门,并做好记录 10. 接到书面调度命令,主值记录,副值复诵,并登记在"调度命令登记簿"上 11. 有人员进出车控室,要做好登记 12. 有钥匙及物品借用时,请借用人出示证件,做好登记。归还时,要核对钥匙数量、物品状态 13. 车站所有重要事件的时间点和内容,要在"车站日志"上体现。每日运营前 30 分钟,行调应检查各车站和车辆段运营前的准备工作。OCC 各调度、各车站值班站长(或行车值班员)、车辆段调度应及时检查并向行调汇报以下内容: (1) 运营线路空闲、施工结束、线路出清,接触网、供电系统及环控系统运作正常 (2) 行车设备、备品齐全完好 (3) 道岔功能正常,站无异物侵入限界,屏蔽门开关正常 (4) 当日使用电客车、备用电客车安排及司机配备情况 (5) 检查夜班相关台账的填写情况 (6) 组织对各房间卫生进行打扫

续表

时 间	内 容
运营前检查	1. ATS/LOW 操作正常 2. 运营线路空闲、施工结束、线路出清，接触网、供电系统及环控系统运作正常。 3. 行车设备、备品齐全完好 4. 站台无异物侵入限界，屏蔽门开关正常
非主值班员需要协助值班站长负责培训演练及其他工作	

三、客运值班员的工作流程

1. 班前

（1）上岗前到车控室在"车站工作人员签到簿"上签到。

（2）到会议室参加班前接班会。

（3）与交班值班员进行交接，交接内容：车票、现金、钥匙、票务设备备品情况；

（4）票务报表、台账和备用金交接；上级命令、指示、文件和通知；上一班未完成的内容（乘客事务、设备故障等）；安全注意事项和工作重点要求。

（5）与交班值班员交接清楚后，在"客运值班员交接班簿"上签名。

2. 班中

（1）准时填写车站票务报表、车票申报计划并审核；

（2）检查客服中心服务员工作情况，进行必要的复核、查账、监督票务政策的执行，每班至少详细抽查一次客服中心的工作；

（3）及时交报表、更换钱箱和票箱、清点钱箱、结账，按时完成解行；

（4）协助值班站长处理车站票务事务；

（5）巡视车站，检查、指导站务员工作；

（6）监督保洁人员打扫票务室卫生，交班时与接班值班员进行交接；

（7）统计好本班的车票、现金、发票及票务设备、备品情况，并在"客运值班员交接班簿"上做相应的记录；

（8）收车后做报表，按要求封好要加封的车票、现金；

（9）末班车开出前 5 分钟关闭 TVM、进站自动检票机；

（10）检查客服中心电器、电源、卫生及有无遗漏的车票、现金；

（11）首班载客列车到站前 30 分钟完成车站 AFC 设备开启及功能测试；

（12）首班载客列车到站前 20 分钟巡视出入口，首班载客列车到站前 10 分钟完成开启出入口大门、电扶梯的工作。

（13）最后一趟载客列车开出后，负责站厅的清客工作，关闭车站出入口、电扶梯；

（14）与下一班客运值班员做好交接班，并注销退出 SC。

3. 班后

（1）参加班后总结会；

（2）到车控室在"车站工作人员签到簿"上签名下班。

四、售票岗、客服中心岗、售票员、票务员的工作流程

1. 班前

(1) 上岗前到车控室在"车站工作人员签到簿"上签到；
(2) 了解当天工作注意事项和票务、服务通知，领取对讲机；
(3) 到票务室领取车票、备用金、钥匙、发票等；
(4) 到客服中心做好开窗准备工作：
① 检查对讲设备能否正常使用；
② 检查票务设备、备品的状态、数量（如验钞机、票盒、发票等）；
③ 检查客服中心卫生以及客服中心外栏杆、立柱的摆设；
④ 检查客服中心内有无来历不明的现金、车票；
⑤ 登记进入 BOM；
⑥ 摆放好车票；
⑦ 将备用金（纸币）放入抽屉，硬币整齐放入硬币盘；
⑧ 发现异常情况后立即报告值班站长或客运值班员；
⑨ 开窗售票。

2. 班中

(1) 工作中应注意的问题：
① 保持客服中心的整洁，票证、报表、硬币盘等物品摆放整齐；
② 当报表、硬币、车票不足时，提前报告客运值班员；
③ 锁好门，不能让非当班人员随意进出；
④ 严格按售票作业程序工作，如表 2.5 所示。

表 2.5 售票作业程序

步骤	程序	内容
1	收	收取乘客购票的票款
2	唱	讲出票款金额，重复乘客要求的购票张数和车票类型，如未听清乘客的要求，应主动礼貌地询问
3	操作	正确、迅速地操作： (1) 检验钞票真伪，如钞票为伪钞，则要求乘客更换钞票 (2) 在 BOM 上选择相应功能键，处理车票，让乘客确认余值
4	找零	清楚说出找零金额和车票张数，将车票和找零的零钱一起礼貌地交给乘客

⑤ 发现站厅异常情况（如乘客携带"三品"，乘客间纠纷，老、病、伤、残等特殊乘客进闸等）后及时通报相关岗位或车控室。
(2) 与接班客服员进行交接，交接内容：
① 核对票、卡、款、账是否相符，核对库存数量，交接票卡数结存，并进行签认；
② 对各种服务用品、备品等进行交接；

③ 对待办事宜进行交接；
④ 退出 BOM/POST，将抽屉里的钱（硬币、纸币）和车票整理放入手提金库；
⑤ 搞好客服中心卫生，整理好客服中心物品；
⑥ 回票务室结账。

3．班后

到车控室处在"车站工作人员签到簿"上签名下班，晚班人员将对讲机归还车控室。

五、站厅岗、厅巡的工作流程

1．班前

（1）上岗前到车控室在"车站工作人员签到簿"上签到，阅读文件，接受上级交代的工作、注意事项；
（2）领取相关钥匙、对讲机、扩音器等备品；
（3）带齐工作备品准时到岗。

2．班中

（1）引导乘客正确操作 AFC 设备，及时处理 AFC 设备故障，解答乘客咨询，如遇解决不了的问题马上报值班站长/客运值班员；
（2）每两小时巡视车站出入口、站厅一次，发现有违反《城市轨道交通管理条例》、《乘客守则》的行为要及时制止，巡视后将出入口相关情况报车控室；
（3）按要求更换出自动检票机票箱；
（4）与下一班交接班工作备品、待办事宜及重点工作等。

3．班后

到车控室在"车站工作人员签到簿"上签名下班，晚班人员需将钥匙、对讲机等工作备品归还车控室，并在台账上注销。

六、站台岗、安全员的工作流程

1．班前

（1）上岗前到车控室在"车站工作人员签到簿"上签到；
（2）到会议室参加班前接班会；
（3）到岗后，检查钥匙、对讲机等行车备品是否齐全完好，与上一班交接完毕后向车控室汇报。

2．班中

（1）站台岗来回巡视站台，引导乘客排队候车、上下车；
（2）按照站台岗作业标准监视列车到发，列车进站时应尽量在靠近头端墙侧紧急停车按钮附近站岗，车门即将关闭时，提醒乘客不要抢上抢下，以防夹伤；
（3）主动疏导聚集在一端的乘客到较空的地方候车，关注乘客动态；
（4）若发现站台发生异常情况（包括列车到站时间不正常），影响到车站的正常运作，应马上报告车控室，并按指示逐步处理；

(5) 接完最后一趟载客列车后,负责将站台乘客清上站厅。
(6) 与下一班交接班钥匙及对讲机、待办事宜及重点工作等;

3. 班后

(1) 参加班后总结会;
(2) 到车控室在"车站工作人员签到簿"上签名下班。

【案例3】

表2.6为某城市轨道交通车站站务员一日工作流程。

表2.6 站务员一日作业流程

时 间	作业内容
8:20	在"车站工作人员签到/签退登记表"上签到
8:20～8:30	更换工作服(整理仪容仪表、工作证佩戴、劳保用品穿戴)
8:30～8:45	交接班会议:前一班次工作总结(注意事项)未完成事项交接、重要文件通知;当天工作内容;当日培训演练;岗位安排;卫生负责人;周一、周二、周三、周四日常安全教育培训学习
8:30～10:30 一号站台岗 10:30～12:00 二号站台岗 12:00～14:30 三号站台岗 14:30～17:00 四号站台岗	站台岗主要作业内容: 1. 完成接发车作业。列车整列到达并停稳后向车控室报到点,监控列车车门、屏蔽门开关是否正常,关车门及屏蔽门后打"好了"手信号,待列车整列开车后向车控室报发点(两次手指口呼确认屏蔽门、车门全部打开;确认车门、屏蔽门全关,无夹人夹物) 2. 监控施工方作业。监控施工方施工,提醒施工方注意人身安全并监控车站站台物资安全 3. 开关端门。有人要进端门并询问清楚施工单位、人数、施工项目及作业时间并及时向车控室汇报
09:00 11:00 13:00 15:00 17:00	1. 每两小时巡查站台一次并及时填写站台巡查表。巡站完成到车控室填写"消防巡查记录表" 2. 值班站长巡站,携带手持台、手电筒、戴安全帽、照相机。巡站路线:A端设备区、商铺过道、B端设备区、站厅、各出入口、站台(查看个端门、屏蔽门及轨行区),确保可视范围内的安全,发现异常情况应及时向车控室汇报
14:30～16:30	车站培训,跑位演练,站务员分配站台岗、站厅岗、厅巡岗配合演练
16:30～16:45	开始准备打扫卫生(男更衣室、女更衣室、会议室、站务室、车控室、站长室)
16:45～17:00	1. 按要求与接班人员交接 2. 归还各房间钥匙及站台岗手持台、屏蔽门钥匙、信号灯 3. 参加班后总结会议 4. 到车控室在"车站工作人员签到/签退登记表"上签名下班

站务员在非岗位期间:1. 及时签阅下发文件;2. 需积极配合值班员、值班站长完成布置的其他作业

七、站厅保安的工作流程

1. 早班

(1) 准时到车控室签到,了解工作注意事项,与夜班站厅保安按规定岗上交接;

(2) 领取相关钥匙及备品(票务设备钥匙、扶梯钥匙、边门钥匙、屏蔽门钥匙等),在"钥匙借用登记本"上登记,领取对讲机在"车站备品领(借)用登记本"上登记;

(3) 带齐工作备品准时到岗;

(4) 听从车控室安排,协助处理车站突发的各项工作;

(5) 根据车站要求与站台保安换岗,换岗时交接好各种钥匙、备品。

2．中班

(1) 准时到车控室签到,参加点名和交接班会,了解工作注意事项;与早班站厅保安交接;

(2) 其他与早班站厅保安工作内容一致;

(3) 与早班站厅保安按规定进行交接,交接完毕后签字。

3．晚班

(1) 准时到车控室签到,参加点名和交接班班会,了解工作注意事项;与中班站厅保安按规定进行交接。

(2) 其他与早班站厅保安工作内容一致。

(3) 按程序做好开、关站;巡视车站,确保非运营时间的车站安全。

(4) 按车控室指示引导有关施工作业人员进场施工及设置防护,并经常检查防护是否完好。

(5) 与早班站厅保安按规定进行交接,签退下班。

八、站台保安的工作流程

1．早班

(1) 准时到车控室签到,了解工作注意事项,与夜班站台保安按规定交接,检查站台监控亭内物品并在交接本上登记,交接完毕后双方共同在"保安交接班本"上签字确认;

(2) 按照站台岗作业标准程序监视列车到发,巡视站台及线路出清情况;

(3) 与中班站台保安按规定交接,交接完毕后与中班站台保安共同在"保安交接班本"上签字。

2．中班

(1) 准时到车控室签到,参加交接班会,了解工作注意事项和通知,与早班站台保安按规定交接;

(2) 上岗后的工作注意事项与早班一致;

(3) 与夜班站台保安按规定交接。

3．夜班

(1) 准时到车控室签到,了解工作注意事项,与中班站台保安按规定交接。

(2) 上岗后的工作注意事项与早班一致。

(3) 最后一班车时确认乘客均已上车,无异常情况;运营结束后,做好清客、关站工作;完成值班站长、行车值班员布置的临时工作。

(4) 按车控室指示引导有关施工作业人员进场施工及设置防护,并时常检查防护是否完好。

（5）按程序及车站要求做好开站工作。
（6）与早班站台保安按规定交接，交接完毕后与早班站台保安共同在"保安交接班本"上签字后下班。

九、保洁的工作流程

（1）准时到车控室签到，了解工作注意事项；
（2）带齐工作备品准时到岗；
（3）听从车控室安排，协助处理车站突发的各项工作；
（4）整理好备品，交接完毕后签退。

模 拟 实 验

针对车站各岗位安排学生进行分组演练，完成车站各岗位的作业流程，并组织小组讨论岗位作业流程中有必要注意与补充的事项。

思 考 练 习

1. 写出值班站长的工作流程。
2. 写出行车值班员的工作流程。
3. 写出站务员的工作流程。

任务四　车站排班与交接班

知 识 要 点

1. 四班两运转的运转过程；
2. 三班两运转的运转过程；
3. 岗位交接班制度。

任 务 目 标

1. 熟悉四班两运转的运转过程；
2. 熟悉三班两运转的运转过程；
3. 熟悉岗位交接班制度。

目前，国内各城市轨道交通车站的排班方式有多种，下面介绍两种常见的排班方式："四班两运转"和"三班两运转"。

一、四班两运转

"四班两运转"即共4个班组，每天两个班组轮值，一个白班，一个夜班，每班12个小时,再加两天休息,4 天为一个轮回,运转周转图如表 2.7 所示。

表 2.7　四班两运转周转图

日期 班	1	2	3	4	循环……	
白班(12 小时)	A 班组	C 班组	D 班组	B 班组	A 班组	C 班组
夜班(12 小时)	B 班组	A 班组	C 班组	D 班组	B 班组	A 班组

二、三班两运转

"三班两运转"即共 3 个班组,每天两个班组轮值,一个班组在一个周转期内,连续上两个早班、两个中班,每班工作 8 小时,再休息两天,6 天为一个轮回,运转周转图如表 2.8 所示。

表 2.8　四班两运转周转图

日期 班	1	2	3	4	5	6	循环……	
早班(8 小时)	A 班组	A 班组	C 班组	C 班组	B 班组	B 班组	A 班组	A 班组
中班(8 小时)	B 班组	B 班组	A 班组	A 班组	C 班组	C 班组	B 班组	B 班组

三、岗位交接班

(1) 要做到清晰、详尽,接班人员能从"值班站长日志"、"行车日志"、"客运值班员交接班簿"等日常表簿册中清楚知道上一班发生的重要事务,不要有遗漏。

(2) 重点突出,主次分明,重要的事情、事务应详细,一般事务要简明扼要。

(3) 有跟进,有落实,上一班交班的事情已完成的或仍需下一班接手的应在"值班站长日志"、"行车日志"、"客运值班员交接班簿"等表簿册上注明情况,包括是否完成或目前处理的进度,或下一班需做出一些怎样的跟进措施。

(4) 员工交接班时,接班人员需到作业岗点与交班人员进行对口交接。

(5) 若出现下列情况之一,不允许交接班:

① 因设备故障按电话闭塞法办理行车使用路票等书面凭证尚未交付司机时不交;

② 遇信号设备发生故障需人工准备进路进行折返作业,列车尚未进入上行(下行)站台停妥时不交;

③ 一次折返作业未完成不交;

④ 一次票务纠纷未处理完不交;

⑤ 设备、备品、票据、钱款等不清不交;

⑥ 遇设备故障等影响车站正常运营时不交;

⑦ 接班人员未到岗时不交;

⑧ 岗位卫生不洁不交。

模 拟 实 验

假定车站站务人员配备数量，安排学生针对四班两运转及三班两运转模式进行车站员工排班与调整，并讨论排班过程中的注意事项。

思 考 练 习

1. 分别写出四班两运转与三班两运转的定义及运转过程。
2. 简述车站交接班制度。

项目三　城市轨道交通车站运作管理

任务一　车站开启作业

知识要点

车站开站的流程。

任务目标

1. 掌握车站开启的主要流程；
2. 掌握开站过程各岗位的行动内容。

一、在车站开启前

值班站长必须确保：
（1）所有站台端门、屏蔽门已完全关闭和妥善锁定，并经手控开关（端门后方）试验；
（2）所有消防设备的性能良好并妥善固定；
（3）送电前确定接触轨下及附近没有杂物，接地装置已放回原位；
（4）车站公共区不存在安全隐患；
（5）各项设备功能正常。

二、车站开启的主要流程

主要流程如下：

1. 值班站长在开站前安排人员完成以下工作

（1）首班车到站前××分钟：
① 按规定试验道岔及做好开启车站前的巡视工作；
② 试验开关安全门；
③ 检查站台和线路出清情况，确保所有工程领域或影响车站运营的工作都已撤销，所有物品及人员都已撤离轨道，并汇报行车调度员。
（2）首班载客列车到站前××分钟：
① 开启车站环控（BAS）系统，并检查其运行情况；

② 确认已完成对 TVM 的补币、补票；
③ 领取票卡和备用金；
④ 确认各岗位人员到岗。

(3) 首班车到站前××分钟：
① 开启照明；
② AFC 设备开启；
③ 全站巡视完毕；
④ 出入口大门、扶梯开启；
⑤ 向乘客广播候车的注意事项。

2. 开启车站入口注意事项

(1) 一般情况下，车站出入口必须在首班载客列车到达车站前 10 分钟开放。

(2) 需要时，可提前开启车站出入口，方便乘客购票，开门前要做好一切运营准备。车站和车站出入口必须在运营时间内开放，除非出现以下情况：
① 实施车站管制而有必要暂时关闭车站和车站出入口；
② 发生紧急情况；
③ 在获得运营经理授权的情况下（必须通知行车调度员）。

某城市轨道交通车站开站流程如表 3.1 所示。

表 3.1 某城市轨道交通车站开站程序

序号	时 间	内 容	执行人	责任人
1	开站前 60 分钟	巡视车站，按行调命令实验道岔，安排人员开关屏蔽门、安全门，检查站台和线路出清情况，并汇报行调	值班站长、行车值班员	值班站长
2	首班车到站前 30 分钟	配好票，并检查售票员到岗情况	客运值班员	
3	首班车到站前 15 分钟	到岗	保安	
4	首班车到站前 15 分钟	打开车站照明	值班站长	
5	首班车到站前 15 分钟	领票、款到岗	售票岗	
6	首班车到站前 10 分钟	开启车站大门、自动扶梯、开始服务	巡视岗、站厅保安	
7	首班车到站前 10 分钟	开启所有 TVM 和闸机	值班站长	
8	开站后	向乘客广播候车的注意事项	行车值班员	

【小贴士】

在车站日常运作过程中，凡是在车站或相关附属建筑物内工作的员工均须依从当值的车站值班站长在职权内发出的指示。

模 拟 实 验

安排学生每七人一组分岗位进行车站开启作业流程演练。

思考练习

1. 简述车站开站前,车站值班站长需要确保完成的工作;
2. 简述车站开启的主要流程。

任务二　车站关闭作业

知识要点

车站关站的流程。

任务目标

1. 掌握车站关站的作业流程;
2. 掌握关站过程中各岗位的行动内容。

一、末班车开车前

末班车开车前值班站长必须确保:
(1) 换乘站的列车接驳按编定的安排进行,获行车调度员特别指示的情况除外;
(2) 车站内搭乘有关行车线列车的乘客已登上该末班车;
(3) 列车驾驶员收到一切妥当的手信号;
(4) 所有人员必须离开车站范围,获授权留下的人员则不在此限;
(5) 要确定个别人员是否获授权于非行车时间内留在车站,必须向行车调度员查询;
(6) 锁上所有出入口前,值班站长必须确保最后一名乘客已离开车站;
(7) 末班车离站后,必须关闭和锁上所有车站的出入口,防止闲杂人进入;
(8) 所有出入口必须在整段非行车时间内关闭;
(9) 有关员工或获授权的工作队必须从指定的出入口进入车站;
(10) 开启该出入口需使用其个人获发的钥匙或通行卡,或向获授权的人员借用钥匙或通行卡;
(11) 不允许非所属站区非当班员工在车站留宿。

二、车站关闭的流程

车站关闭的流程如下所述:
(1) 末班车到达前××分钟,值班站长应播放末班车广播,检查站厅、站台等岗位情况。站务员应在进站闸机前摆放停止服务告示牌。
(2) 末班车到达前××分钟,值班员应播放停止售票广播,关闭 TVM,并通知停止售票和进站检票工作。值班站长应确认所有 TVM、进站闸机已关闭,停止售票广播。

(3)末班车开出前,值班站长和站务人员应进行检查,确认站台乘客均已上车,向驾驶员展示"末班车手信号"。

(4)末班车开出后,客服中心站务员应收拾票、钱,整理客服中心备品,注销 BOM,回票务室结账。

(5)车站督导员应与客服中心站务员结账。

(6)运营结束后,值班站长应清站,确认出入口关闭,扶梯、照明、AFC 设备全部关闭。

某城市轨道交通车站关站流程如表 3.2 所示。

表 3.2 某城市轨道交通车站关站流程

序号	时 间	内 容	执行人	责任人
1	上下行线最后一班车开出前 10 分钟	开始广播	行车值班员	值班站长
2	上下行线最后一班车开出前 5 分钟	关闭 TVM,通知售票员停止售票,暂停进站闸机并广播	值班站长	
3	最后一班车开出前	进行检查,确认站台乘客均已上车,无异常情况	站台保安	
4	最后一班车开出后	清客,关闭车站自动扶梯和出入口	巡视岗、站厅保安	
5	停止服务后	收拾票、款,整理客服中心备品,注销 BOM,回 AFC 票务室结账	售票员	
6	关站后	与售票员结账	客运值班员	
7	运营结束后	执行车站节电照明模式	行车值班员	

三、非运营时间内进入车站

非运营时间内进入车站应遵循如下规定:

(1)获发紧急入口钥匙的员工,通过指定的入口直接进入车站,无需得到值班站长的预先批准,进入车站后立即向值班站长报告;

(2)没有钥匙的员工,应首先联系值班站长(需要授权才能进入);

(3)对于在车站有专门作业,已经获授权的承包人,值班站长应根据其提供的相关信息(工作部门、进站目的等)判断是否准许其进入。

模 拟 实 验

安排学生每七人一组分岗位进行车站关站作业流程演练。

思 考 练 习

1. 简述末班车开车前,车站值班站长需确认的工作。
2. 简述车站关站的主要流程。
3. 简述非运营时间内进入车站的规定。

任务三　车站巡查作业

知 识 要 点

1. 车站巡查的内容；
2. 车站巡查制度。

任 务 目 标

1. 掌握车站巡查作业的内容；
2. 掌握车站巡查作业的制度。

车站巡查作为站厅岗站务员和站台安全员日常工作的重要内容之一，它的主要目的就是及时查明和消除隐患，避免事故的发生。

车站巡查时，需要定期巡查车站所有公共区，主要包括：站台（地面、相关设备、乘客是否在安全线以内候车等）、通道（地面、相关设备、有无乘客在通道内滞留等）、扶手电梯（携带大件行李的乘客、行动不便的老年人等）、自动人行道。

一、巡查内容

1. 客流

（1）随时关注客流情况，避免因人多拥挤而构成危险；
（2）迅速移去任何阻碍客流的障碍物；
（3）做好在发生紧急情况时疏散乘客的准备：广播、通告、应急方案。

【想一想】
下雨时，如有大量乘客在出入口处避雨，车站工作人员应该怎么办？
【要点提示】
天气预报有雨，应提前检查排水通道是否通畅、抽水泵能否正常工作。
提醒乘客：各位乘客请注意！请不要堵塞出入口，谢谢合作！
在一些地方放置警告牌：雨天湿滑，小心滑倒！

2. 消除隐患

（1）及时清理地面积水、液体、泥泞或其他污渍；
（2）遇雨雪天气时，及时铺设防滑用品及清扫出入口外积雪；
（3）避免在湿滑砖面和金属踏板上撒沙粒；
（4）当隐患不能彻底消除时，设置适当的防护警示标识；
（5）在接触轨停电后，方可允许进入轨道区域，除非车站员工获授权处理紧急事宜，但必须穿好绝缘鞋，做好自身防护工作。

3. 乘客管理

（1）防止儿童在车站范围内嬉戏；

（2）防止乘客携带任何危险品、攻击性物品或有害物品进入城市轨道交通范围；

（3）防止乘客运送可能会导致意外、滋扰其他乘客或损坏公司财物的物品；

（4）要求携带笨重物品或行李以及使用轮椅的乘客使用垂直电梯，切勿使用扶手电梯，以免构成危险。

4. 电扶梯及自动人行道

有关员工在停止电扶梯或自动人行道前，必须确保梯级和踏板上均没有人，紧急情况下除外。

5. 站台

（1）维持站台舒适、安全的候车环境；

（2）在特殊情况下协助处理相关事件；

（3）确保站台设备正常，发生故障及时报修；

（4）对任何非正常的情况保持警觉，如突发事件、安全门故障等；

（5）确保岗位上不得代人存放物品；

（6）提供适当协助，确保列车按运行时刻表时间离站；

（7）确保车门和屏蔽门在即将关上时，劝阻乘客切勿抢上，冲击安全门；

（8）提高警惕，留意发生任何事故或异常情况。

6. 特别注意

（1）站台边缘或列车附近是否存在隐患，例如乘客扒屏蔽门、站在站台边缘或站台安全门上，或在附近摆放物品；

（2）留意车门、屏蔽门的关闭情况，特别注意是否有乘客被门夹住；

（3）一旦出现异常情况，应及时按下紧急停车按钮。

7. 车站房间

有关员工必须经常巡查其可进入的房间，确保已关闭所有不需要的照明；房间清洁，没有垃圾；无其他异常情况。

二、巡查制度

1. 巡查次数

（1）值班站长接班前必须巡视一次，班中每两小时巡视一次，相关情况记录在"车站防火巡视登记簿"上；

（2）客运值班员每班巡视4次，相关情况记录在"车站防火巡视登记簿"上；

（3）原则上站厅站务员每两小时巡视出入口、站厅一次，相关情况应立即报车控室行车值班员；

（4）站台站务员在接发车间隙来回巡视站台，交接时接岗人员必须先巡视后接岗。

2. 各岗位巡视范围

各岗位巡视范围如表3.3所示。

表 3.3　各岗位巡视范围

人　员	主要范围
站长	所有车站管理范围内应巡视的地方
值班站长	全站、各出入口外面 5 m 范围内
客运值班员	客服中心、站厅、各通道、各出入口
巡视岗	出入口、站厅、楼梯、自动扶梯、垂直电梯
站厅保安	出入口、站厅、楼梯、自动扶梯、垂直电梯
站台保安	站台

3．各岗位巡视要求

（1）认真：巡视人必须以认真负责的态度去巡视所管辖的范围；
（2）细致：从细微处着手，做到防微杜渐；
（3）周全：岗位内的设备、设施、人员等都必须检查；
（4）及时：巡视及时、汇报及时、记录及时、处理及时。

4．巡视员工安全

巡视人员须持对讲机，在巡视前和巡视后及时通知行车值班员，并注意做好个人人身安全的防护。

对巡视发现的问题自身不能解决时，及时报告行车值班员，由行车值班员安排处理，严禁与外部人员发生冲突而导致事件的升级。

三、车站巡查作业表

车站巡查可以消除车站内安全隐患，因此，在车站的日常运作中，车站巡查占有极其重要的位置。车站巡查可以分为站厅巡查（如表 3.4 所示）、站台巡查（如表 3.5 所示）和车站出入口巡查，而作为车站值班的工作人员需要认真填写巡查表，记录巡查的大致情况。

表 3.4　站厅巡查表

车站：	日期：	检查人：	
检查项目		是否正常工作	备注及解决
1. AFC 设备			
2. 消防栓和火灾报警器			
3. 广告板			
4. 地面瓷砖、排水管盖			
5. 扶手电梯及电梯			
6. 乘客信息显示系统			
7. 标识牌			
8. 照明			
……			

表 3.5　站台巡查表

车站：	日期：	检查人：
检查项目	是否正常工作	备注及解决
1. 屏蔽门设备		
2. 消防栓和火灾报警器		
3. 广告板		
4. 地面瓷砖、排水管盖		
5. 扶手电梯及电梯		
6. 乘客信息显示系统		
7. 标识牌		
8. 照明		
……		

【小贴士】

当公司员工进入车站设备用房时，必须获得相关设备管理人员和车站维护人员的许可；值班站长应向设备管理人员和车站维护人员确认进入设备房的申请已经提出；其他人员如果没有设备管理人员和车站维护人员的提前通知或书面同意，不得进入设备用房。

模 拟 实 验

安排学生每两人一组分角色进行车站站厅、站台及车站出入口巡查作业并填写巡查表。

思 考 练 习

1. 简述巡查人员的工作职责。
2. 巡查作业包括哪些内容？

项目四　城市轨道交通车站客运组织服务

任务一　城市轨道交通车站客运组织概述

知识要点

1. 城市轨道交通客运组织的概念；
2. 城市轨道交通客运组织的特点；
3. 城市轨道交通客运组织的宗旨；
4. 城市轨道交通客运组织工作的基本要求。

任务目标

1. 理解掌握城市轨道交通客运组织的概念；
2. 了解城市轨道交通客运组织的特点；
3. 掌握城市轨道交通客运组织的宗旨；
4. 掌握城市轨道交通客运组织工作的基本要求。

一、城市轨道交通客运组织定义及作用

城市轨道交通主要通过合理的客运组织来完成其大容量的客运任务。城市轨道交通客运组织是指通过合理布置客运有关设备、设施，对客流采取有效的分流或引导措施来组织客流运送的过程。

客运组织工作是城市轨道交通运营生产的重要组成部分，客运服务质量直接反映城市轨道交通运营企业的管理水平。客运组织工作必须实行统一领导、分级管理的原则，控制指挥中心负责全线的客运组织工作，车站的客运组织工作由车站站长或值班站长负责。客运组织工作需建立健全各项工作制度，运营、乘务、维修等各部门之间密切配合，共同维护好站、车秩序，完善服务细节，提升工作效率和服务质量。

二、城市轨道交通客运组织的特点

(1) 客运组织服务对象是市内交通乘客，不办理行李、包裹托运业务；
(2) 全日客流分布在时间上有较为明显的高峰(一般为早晚高峰)和平峰之分，高峰时

段客流量集中,时间性强,在空间上又有不同的区间客流分布;

(3) 全年客流分布在时间上按季、月、周、节假日有较大起伏。

三、城市轨道交通客运组织的宗旨

1. 安全

为保证乘客安全乘车,要制定并严格执行各项安全制度,采用先进的安全控制系统,所有的运营设备定期检查,保证处于良好状态。

2. 准时

运营生产各部门互相配合,严格按照列车运行图组织工作,确保列车按运行图规定的时间运行。

3. 迅速

运营生产各部门互相配合,提高列车运行速度,缩短列车间隔时间,减少设备故障,确保乘客快速到达目的地。

4. 便利

车站内、外导向标识明显,地下通道、出入口与地面其他交通工具衔接紧密,方便乘客换乘。

5. 优质服务

客运服务工作人员应严格遵守职业道德,礼貌待客,耐心、正确解答乘客咨询,主动、热情地为乘客服务。

四、客运组织工作的基本要求

车站客运工作是完成轨道交通运输任务的重要组成部分。客运工作直接面对乘客,能否安全、便利、舒适、文明地为乘客服务,是反映轨道交通运营管理水平的标志之一。对车站客运工作的基本要求是:

1. 站容整洁

车站内外应门窗齐全、明净。各种设备和设施摆放整齐、有序。站厅、通道及出入口的墙壁光洁,地面无痰迹和废物,厕所清洁卫生。

2. 完善的向导标识

车站出入口应有站名标记,车站内应有到达出入口、检票口、站台、售票处和小商店等处指路标牌。此外,还应有指引乘客换乘其他轨道交通线路或地面公交线路的换乘向导示意图。

3. 服务质量第一

客运作业人员应遵守职业道德,文明礼貌、主动热情地为乘客服务。耐心、正确地回答乘客提出的询问,帮助乘客解决疑难问题。经常征求乘客的意见,及时改进工作,提高客运服务质量。

4. 严格按规章办事

客运作业人员应严格执行作业规章制度,服从命令,听从指挥。执行职务时,客运人员要仪表整洁、按规定着装,并佩戴相应标识。

5. 掌握客流变化规律

车站客运部门要经常进行客流调查与分析,积累客流资料,掌握不同季节、时段和性质的客流变化规律。

6. 搞好联劳协作

客运作业人员应随时与行车值班员、列车司机、公安人员等有关工种作业人员加强联系,密切配合,协同工作,以确保列车与乘客安全。

模 拟 实 验

安排学生通过各种渠道对全国城市轨道交通企业客运组织工作的特点与基本要求进行调查并写出报告。

思 考 练 习

1. 城市轨道交通客运组织的概念是什么?
2. 城市轨道交通客运组织的特点有哪些?
3. 城市轨道交通客运组织的宗旨有哪些?
4. 简述客运组织工作的基本要求。

任务二 车站客运组织服务

知 识 要 点

1. 售票服务;
2. 问讯服务;
3. 检(验)票服务;
4. 站台服务;
5. 广播服务。

任 务 目 标

1. 掌握售票服务;
2. 掌握问讯服务;
3. 掌握检(验)票服务;
4. 掌握站台服务;
5. 掌握广播服务。

城市轨道交通系统作为城市公共交通系统中的一种速度快、运量大、行车间隔小的电动有轨客运系统,是城市公共交通系统的一个重要的组成部分,对缓解城市地面交通压力,减轻城市地面交通拥挤起着十分重要的作用。所以要求城市轨道交通车站能安全、快速、方便地组织乘客乘降,并为乘客提供良好的服务。

城市轨道交通客运服务是指为乘客乘坐城市轨道交通提供的服务,城市轨道交通运营服务人员是直接从事客运服务的工作人员。城市轨道交通服务的对象是乘客,因此,城市轨道交通服务伴随着乘客乘车的整个过程,主要包括:进站、购票、进闸、候车、乘车、下车、换乘、出闸、出站九步。在整个运营服务中,作为城市轨道交通客运服务人员相应地按以下六点基本程序来服务:

进站服务→引导购票/应急售票→检票→引导乘车(换乘)→监护列车→出站服务。

每个岗位按照以上基本程序作业。

车站的对外客运服务工作可主要划分为售票服务、问询服务、检(验)票服务、站台服务、广播服务等五个功能。

一、售票服务

在城市轨道交通车站中,售票服务是帮助乘客用有效的货币换取等同价值的车票,以便于乘客进入车站的付费区。由于目前城市轨道交通运营的自动化程度较高,所以车站的售票服务主要由自动售检票(AFC)系统来完成。虽然自动售检票的自动化程度很高,但是人工售检票方式在特殊情况下仍适用。因此掌握各种状态下的售票作业内容,是每个服务人员应有的技能。

1. 人工售票服务

售检票员在上岗前要备足零钱、发票等票务用品,整理好内务,用个人密码登录半自动售/补票机,在需要时开窗售票。收款、操作半自动售/补票机、找零由同一售检票员完成,在出售单程票时必须由售检票员提醒乘客确认金额,报销凭证按实领取。售票时严格执行"一收、二唱、三操作、四找零"的作业流程。

2. 自动售票服务

车站工作人员应经常对 AFC 设施进行巡视检查,保证设备正常运转,对于不会使用 TVM 的乘客应该积极主动地进行引导,当 TVM 不足以应对乘客的购票需求时,在确保站台安全的前提下可采取人工售票进行补偿服务。

二、问讯服务

当车站工作人员遇到乘客问讯时,应注意倾听乘客所提的相关问题,做到"首问负责、有问必答"。对于涉及票务政策的内容,应耐心、清楚地予以解答;对于乘客的问路,应详细告之,当自己也不清楚时要帮助其向其他工作人员询问,力争给予乘客满意的回答。而对于乘客的反映意见和投诉,工作人员必须认真听取,并根据乘客的要求给予合理的解释。

【知识链接:南京城市轨道交通"首问责任制"的内容】

当乘客询问工作人员时,被询问的工作人员必须负责到底,第一时间解决乘客的问题,不得让乘客询问其他人员,不得将问题推诿给其他工作人员解决,不得给乘客提供错误信息。

三、检(验)票服务

检(验)票服务是为了维护正常的站、车秩序,保证乘客的安全,对乘客所持的车票进行确认,使乘客按规定乘车。

1. 人工检(验)票服务

在车站发售纸票或相应人员从边门进出时,售检票员要在边门处认真核对乘客所持车票或相关证件,纸票严格执行"一人一票"(团体票除外),售检票员在核对纸票无误并按要求撕口后,开放边门让乘客通过。出站乘客的纸票予以回收。对于符合边门出入条件的乘客应按要求在"边门进出登记本"上登记签名后开放边门通过。在正常情况下售检票员应保证边门处于上锁状态。

售检票员同时要负责检查乘客是否携带超限物品或易燃、易爆、有毒等危险品乘车,对于醉酒、精神病患者、1.3 m以下儿童单独乘车等特殊乘客,要及时劝阻其进站乘车。

2. 自动检(验)票服务

由于目前城市轨道交通车站 AFC 设备较多,车站工作人员应随时对设备情况进行监督,保持 AFC 设备的正常运转。要指导乘客按要求正确使用单程票以及储值卡,对不能正常进出闸机的票卡进行分析,正确办理补票、更新等业务。必要时,应及时采取人工检(验)票进行补偿服务。同时要阻止携带易燃易爆、有毒等危险品的乘客进站乘车。对于醉酒、精神病患者、1.3 m以下儿童单独乘车等特殊乘客,也要及时劝阻其进站乘车。

四、站台服务

站名服务主要是为候车乘客提供各种乘车信息,确保乘客在站台候车时的安全,使车站有一个良好的乘车环境。

对候车乘客要做到热情服务,有问必答。对于老、弱、病、残、孕等特殊人员重点照顾。注意乘客候车动态,及时发现乘客异常,防止乘客跳下站台,进入区间。候车乘客拥挤时要积极疏导宣传,维护车站正常的候车秩序。

列车进站前,做好乘客的疏导工作,监控有关安全事项,引导乘客站在黄色安全线内候车。

列车进站后,组织乘客先下后上,照顾重点乘客。人多拥挤时,积极进行人工宣传,确保乘客安全上下车。

列车关门时,密切注意列车车门状态。如有车门关闭不上或者夹人夹物,应及时处理或通知司机并协助司机迅速查明原因,争取在最短时间内排除故障。

列车启动后,注意乘客候车动态及列车有无异声、异味、异态。如有异常要及时通知行车值班员,并及时向有关部门汇报。

遇到有清客列车或其他站不停站通过列车到达本站时,对需要继续乘车的乘客,要做好解释劝说工作,动员乘客乘坐下一班次列车。

遇有车站发生伤亡事故,应及时向有关部门汇报,寻找目击证人,疏导围观乘客,不扩散事态,并协助公安人员清理现场,把影响降至最低。

五、广播服务

(1) 广播服务是车站客运服务的一个重要组成部分,也是客运服务的一个重要宣传工具。由于其影响面较广,一定要把好关,确保广播内容准确、及时;

(2) 车站应不间断向乘客进行导向广播,如列车到、发情况,换乘介绍、疏导乘客等;

(3) 车站应广播乘车规定、乘客须知、通告、公告等;

(4) 车站的电视应按规定播放有关内容,宣传车站设施的使用方法及有关内容。

模 拟 实 验

安排学生分组分岗位对车站客运服务工作进行演练。

思 考 练 习

1. 售票服务的工作内容是什么?
2. 问讯服务的工作内容有哪些?
3. 检(验)票服务的工作内容是什么?
4. 站台服务的工作内容是什么?
5. 广播服务的工作内容有哪些?

项目五　城市轨道交通车站客流组织

任务一　城市轨道交通客流概述

知 识 要 点

1. 客流的概念；
2. 客流的分类；
3. 影响客流的因素。

任 务 目 标

1. 了解客流的概念；
2. 了解客流的分类；
3. 了解影响客流的因素。

客流是规划城市轨道交通线网及线路走向、选择轨道交通制式及车辆类型、安排轨道交通项目建设顺序、设计车站规模和确定车站设备容量、进行项目经济评价的依据，也是轨道交通安排运力、编制开行计划、组织日常行车和分析运营效果的基础。

一、客流的概念

客流是指在单位时间内，轨道交通线路上乘客流动人数和流动方向的总和。客流的概念既表明了乘客在空间上的位移及其数量，又强调了这种位移带有方向性和具有起讫位置。客流可以是预测客流，也可以是实际客流。

二、客流的分类

根据客流的时间分布特征，轨道交通客流可分为全日客流、全日分时客流和高峰小时客流。全日客流是指每日轨道交通线路输送的客流量。全日分时客流是指一天内轨道交通线路各小时输送的客流量。高峰小时客流一般指轨道交通线路早、晚高峰及节假日高峰小时内输送的客流量。

根据客流的空间分布特征，轨道交通客流可分为断面客流和车站客流。断面客流是指通过轨道交通线路各区间的客流，车站客流是指在轨道交通车站上、下车和换乘的客流。

根据客流的来源，轨道交通客流可分为基本客流、转移客流和诱增客流。基本客流是指轨道交通线路既有客流加上按正常增长率增加的客流。转移客流是指由于轨道交通具有快速、准时、舒适等优点，使原来经常由常规公交和自行车出行转移到经由轨道交通出行的这部分客流。诱增客流是指轨道交通线路投入运营后，促进沿线土地开发、住宅区形成规模、商业活动繁荣所诱发的新增客流。

1．断面客流量

在单位时间内(1小时或全日)，通过轨道交通线路某一地点的客流量为断面客流量。显然，通过某一断面的客流量就是通过该断面所在区间的客流量。断面客流量分为上行断面客流量和下行断面客流量，计算公式如下：

$$P_{i+1} = P_i - P_下 + P_上$$

式中：P_{i+1}——第 $i+1$ 个断面的客流量(人)；

　　　P_i——第 i 个断面的客流量(人)；

　　　$P_下$——在车站下车人数(人)；

　　　$P_上$——在车站上车人数(人)。

2．最大断面客流量

在单位时间内，通过轨道交通线路各个断面的客流一般是不相等的，其中的峰值称为最大断面客流量。轨道交通线路上、下行方向的最大断面客流量一般不在同一个断面上。

3．高峰小时最大断面客流量

在以小时为时间单位计算断面客流量的情况下，全日分时最大断面客流量一般是不相等的，其中的峰值称为高峰小时最大断面客流量。轨道交通的高峰小时一般出现在早晨和傍晚，称为早高峰小时和晚高峰小时。各条线路、各个车站在早高峰期间客流量存在着明显的差异。高峰小时最大断面客流量是决策修建轨道交通类型、确定车辆形式、列车编组、行车密度、运用车配置数和站台长度等的基本依据。

4．车站客流量

车站客流量是指在轨道交通车站上、下车和换乘的客流量，可细分为全日车站客流量、高峰小时车站客流量和超高峰期车站客流量。超高峰期是指在高峰小时内存在一个约为15～20分钟的上、下车客流特别集中的时间段。车站高峰小时和超高峰期客流量决定了车站设计规模，是确定站台宽度、售(检)票设备数量、自动扶梯数量、楼梯与通道宽度、出入口数量等车站设备容量或能力的基本依据。

三、影响客流的因素

1．轨道交通沿线土地利用情况

土地利用涉及城市各个区域的功能定位、地上建筑物的类型及地上社会经济活动的类型等多个方面。轨道交通沿线土地利用情况与客流之间是"源"与"流"的关系。沿线土地利用对轨道交通客流规模存在着举足轻重的影响，如果轨道交通线路行经的区域能将城市的主要居住区和商务区覆盖，那么其客流就有了基础的保障。在香港大约50%的居民和约55%的职业岗位距离轨道交通车站约10分钟的步行距离，强有力的客流支撑是其获得收益、成功运营的一个重要原因。

2. 城市布局发展模式

土地利用规划对城市布局发展模式有着重要的影响,在城市由单中心布局发展到单中心加卫星城镇布局,又进一步发展到多中心布局的过程,通常伴随着客流的大幅增长。1997年,上海轨道交通1号线火车站—莘庄段贯通运营,但1997年、1998年的客流增长幅度并不大,主要原因是1号线锦江乐园至莘庄段沿线地区的房地产开发刚刚开始。到2000年以后,市民纷纷迁入新建成的住宅区,商业、餐饮业也发展起来,1号线客流也快速增长,2001年的客流增长率达到38.1%,远远高于2000年的0.5%。

3. 城市人口规模与出行率

城市中的出行量与人口规模、出行率之间存在密切的关系,因此,除了分析常住人口、暂住人口和流动人口的数量外,还应分析人口的年龄、职业、出行目的、居住区域等特征。根据出行车调度员所查资料显示,不同人群的出行率存在差异,一般规律是:常住人口中,中青年人群的出行率高于幼年与老年人群的出行率,上班、上学人群的出行率高于退休人群的出行率,市区人口的出行率高于郊区人口的出行率;暂住人口、流动人口中,旅游人群的出行率高于民工人群的出行率,流动人口的出行率高于常住人口的出行率。

4. 票价

票价是影响客流的重要因素,票价的变动会对沿线客流数量和运营公司的票务收入产生综合影响。票价与市民的消费能力和收入水平直接相关,轨道交通的客源主要来自中、低收入人群,而中、低收入人群对票价变动比较敏感,低收入、高票价的组合对客流的吸引最为不利。当轨道交通票价支出占收入水平的比例较大时,选择轨道交通方式出行的客流量就会下降。

在收入水平一定的情况下,只有在轨道交通的性价比高于其他出行方式或替代服务的性价比时,轨道交通才具有吸引客流的优势。

【案例】

北京城市轨道交通票价对客流的影响

有关调查表明,北京城市轨道交通票价的每次上涨都会导致其客流量的下降。1987~1995年间,北京城市轨道交通票价为0.5元,客运量增长较快,年增长率一般在4%~15%。1996年、2000年客运量两次大幅下跌都是由于车票涨价引起的。1996年1月,城市轨道交通票价由0.5元调整为2元,当年的客运量减少1.18亿人次,折合每天减少乘客32.3万人次,降幅为21%,如果考虑客流的自然增长,实际下降的幅度为26%。1999年12月城市轨道交通票价由2元调整为3元,2000年的客运量又减少了6000万人次,折合每天减少乘客16.4万人次,降幅为12.2%。2000~2004年之间北京城市轨道交通票价一直维持在3元,其客流量没有明显增长,2003年客流量与1999年相当。

5. 服务水平

随着市民收入水平的提高,可选择的出行方式也逐渐增多。城市轨道交通服务的安全性、舒适性、经济性、换乘便利性以及列车的运行间隔、运送速度、正点率等多项指标也逐渐成为市民选择出行方式时考虑的因素。城市轨道交通运营企业的服务水平已成为影响客流及发展潜在客运需求的关键因素。

6. 政府的交通运输政策

大城市确立以公共交通为主、个体交通为辅的交通运输政策,优先发展公共交通、大力发展轨道交通、控制私人汽车的发展,对引导市民出行利用公共交通与轨道交通具有重要意义。而要实现这一交通运输政策,首先是加快公共交通设施的建设,如提高轨道交通线网的密度、建立大型换乘枢纽等;其次是优化现有交通资源的利用,如完善轨道交通与常规公交、自行车、私人汽车的衔接换乘,减少与轨道交通线路走向重复的常规公交线路等。2001年,上海因打浦路过江隧道通行能力饱和,取消了几条经隧道开往浦东的常规公交线路,为引导乘客乘坐轨道交通2号线过江,推出了在黄浦江两侧乘坐城市轨道交通4站以内,优惠票价为1元的调控措施,2号线客流得到大幅度的增加。

7. 交通网的规模与布局

多层次的轨道交通线网、合理的线路布局及走向和功能完善的换乘枢纽对实现城市中心区域45分钟交通圈、增大轨道交通对出行者的吸引力、提高轨道交通在公共交通中的运量分担比例有着重要的作用。

8. 私人交通工具的拥有量

在客运需求一定的情况下,利用私人交通工具出行越多,则通过公共交通出行的人数就越少。在发展个体交通,还是发展公共交通的问题上,国外的经验教训值得借鉴。西方国家大城市过去曾对私人汽车的发展不加控制,结果在破坏城市生态环境的同时,出现了严重的道路拥挤和出行难问题,最后不得不又转向发展公共交通和轨道交通的道路上来。因此,从优化出行方式结构、提高公共交通的客运比例出发,应有序地控制私人汽车的发展。在出行快捷、方便和舒适等方面,私人汽车出行无疑优于公共交通出行,但私人汽车的发展应考虑道路网能力是否适应,不能以降低大部分市民的快捷、方便和舒适为代价。对私人汽车的使用应通过经济杠杆进行适度控制,鼓励并创造条件让私人汽车使用者以停车—换乘方式进入城市中心区。

模 拟 实 验

安排学生分组进行实际调查、网络资源搜索与查阅资料,对当地的城市轨道交通或城市公交客流调查并进行分析。

思 考 练 习

1. 客流的概念是什么?
2. 客流按不同依据可分为哪几类?
3. 影响客流的因素主要有哪些?

任务二　城市轨道交通车站日常客流组织

知 识 要 点

1. 城市轨道交通车站客流组织的原则；
2. 客流组织的工作宗旨；
3. 城市轨道交通车站客流组织的内容；
4. 车站日常客流组织办法。

任 务 目 标

1. 理解城市轨道交通车站客流组织的原则；
2. 理解客流组织的工作宗旨；
3. 理解城市轨道交通车站客流组织的内容；
4. 理解车站日常客流组织办法。

一、城市轨道交通客流组织的原则

城市轨道交通客流组织工作必须实行集中领导、统一指挥的原则。控制指挥中心(OCC)负责全线的客流组织工作，车站的客流组织由车站站长或当班值班站长负责。

城市轨道交通客流工作的核心是保证客流运送的安全，保持客流运送过程的畅通，减少乘客出行时间，避免拥挤，保证大客流发生时及时疏散。为此，在进行客流组织时应特别考虑以下几个方面的原则：

(1) 合理安排车站售检票、出入口及楼梯的位置，行人流动路线简单明确，尽量减少客流交叉、对流；

(2) 完善车站内外乘客导向系统的设置，使乘客快速分流，减少客流聚集和过分拥挤的现象；

(3) 乘客能够顺利地换乘其他交通工具，换乘过程中人流与车流的行驶路线要严格分开，以保证行人的安全和车辆的行驶不受干扰；

(4) 满足换乘客流方便、安全、舒适的基本要求。如适宜的换乘步行距离、恶劣天气下的保护、全天候的连廊系统，对残疾人专门设计无障碍通道；又如适宜的照明、开阔的视野以及突发事件应急系统等。

二、客流组织的工作宗旨

(1) 安全准时：保证乘客进站、出站和乘车的安全，确保列车按运行图规定的时间运行；

(2) 方便迅速：导向标识清晰准确，售检票设备操作方便，确保乘客快速到达目的地；

(3) 热情周到：耐心、正确地解答乘客询问，主动、热情地为乘客服务。

三、城市轨道交通车站客流组织的内容

城市轨道交通车站客流组织的主要内容包括：车站售检票位置的设置，车站引导标识的设置，车站自动扶梯、隔离栏杆、车站广播导向等设备设施的设置，各种设备数量及工作人员的配备，应急措施的制订与实施等。

影响车站客运组织的因素较多，不同类型的车站其客运组织的内容有着较大的区别，中小车站的客运组织比较简单，而大车站、换乘站因客流较大、客流方向比较复杂，其客流组织也比较复杂。侧式站台的车站相对于岛式站台的车站容易将不同方向的客流分开，但不利于乘客的换乘，且售检票位置设置较分散，不利于车站管理。无论是何种形式的车站，乘客乘车流程如图5.1所示。

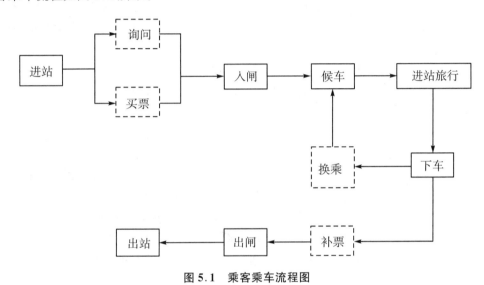

图 5.1　乘客乘车流程图

注：虚线框表示可以省略的环节。

四、车站日常客流组织办法

车站日常客流组织主要由进站客流组织、出站客流组织、换乘客流组织三部分组成。

1. 进站客流组织

按照进站客流的路线流程进行组织，有下列几种方式：

（1）组织引导客流经出入口、楼梯、自动扶梯（或垂直电梯），通过通道进入车站站厅层非付费区；

（2）组织引导部分乘客在自动售票机、客服中心或临时售票亭购票后检票通过进站闸机进入付费区，引导部分持储值票、月票等不用购票的乘客直接检票通过进站闸机进入付费区；

（3）乘客入闸检票或人工检票进入站厅付费区后，组织引导乘客再通过楼梯、自动扶梯（或垂直电梯）进入站台层候车；

（4）乘客到达站台，应组织引导乘客站在黄线内候车，通过导向标识和乘客咨询系统选择乘车方向和了解列车到发时刻；

（5）列车到站停稳开门后，引导乘客按先下后上的顺序乘车，站台工作人员要注意做好引导工作，防止乘客因抢上抢下导致安全问题和纠纷的产生。

2．出站客流组织

按照出站客流的流动过程进行客流组织,有下列几种方式:

(1) 乘客下车到达车站站台,组织引导其经楼梯、自动扶梯(或垂直电梯)进入站厅层付费区;

(2) 通过出站闸机(单程票出闸时将被收回)或人工验票,进入站厅层非付费区后,组织引导乘客(通过导向标识)找到相应的出入口,经通道、出入口出站;

(3) 组织引导车票车资不足(无效车票)或无票乘车的乘客到客服中心办理相关补票事宜后,方可出站。

3．换乘客流组织

(1) 按照换乘地点的不同,客流换乘形式主要有两种,即付费区换乘和非付费区换乘。

① 付费区换乘。乘客到达换乘站下车后,不需通过出站闸机,直接在付费区内根据换乘导向标识指引经楼梯、自动扶梯(或垂直电梯)、换乘通道或平台到达另一站台层换乘候车。付费区换乘一般包括同站台平面换乘、站台立体换乘及通道换乘。这种换乘组织要求有良好的引导标识和通道设计,在容易走错方向的地点安排工作人员值守引导,保证乘客尤其是初乘者安全顺利地完成换乘。

② 非付费区换乘。乘客到达换乘站下车后,根据换乘导向标识指引,经楼梯、自动扶梯(或垂直电梯)到达站厅层付费区,通过出站闸机进入非付费区或出站,到另一线路重新进入付费区或进站进行换乘。这种换乘组织需要最大限度缩短乘客的行走距离,具有良好的衔接引导标识,避免换乘客流与其他进、出站客流的交叉干扰。

(2) 换乘方式。换乘方式首先决定于轨道交通两条线路的走向和互相交织形式。一般常见的有垂直交叉、斜交、平行交织等多种线路交织形式。轨道交通不同线路间的换乘方式主要有站台换乘、站厅换乘、通道换乘、站外换乘和组合式换乘几种类型。如图 5.2 所示。

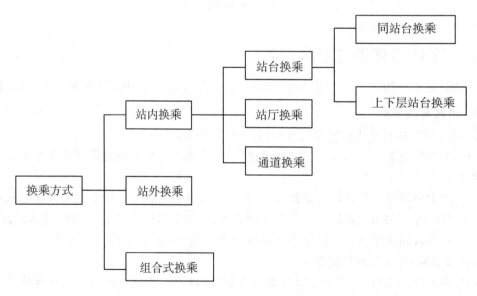

图 5.2　换乘方式

① 站台直接换乘。站台直接换乘有两种方式:同站台换乘和上下层站台换乘。

同站台换乘一般适合于两条平行交织的线路,且采用岛式站台的设计,两条不同线路的车辆分别停靠同站台的两侧,乘客换乘时,由岛式站台的一侧下车,穿越至站台的另一侧上车,即完成了转线换乘,换乘极为方便。同站台换乘要求站台能够满足换乘高峰客流量的需要,乘客无需换乘行走,换乘时间最短,但换乘方向受限。双岛式站台通过同一站厅能实现四个方向的换乘,单岛式站台每一层只能实现两个方向的换乘,其余换乘方向的乘客仍然要通过站厅或自动扶梯、楼梯进行换乘,换乘时间相应增加。在所有换乘方式中同站台换乘的换乘能力最大,适用于优势方向换乘客流较大的情形。这种换乘方式的主要制约因素是站台的宽度和列车的行车间隔,前者关系到站台的容量,后者关系到站台出清速度的快慢。

北京城市轨道交通网络中的第一个同站台换乘站——国家图书馆站,是北京城市轨道交通 4 号线和 9 号线的换乘站,北京城市轨道交通 4 号线和 9 号线站台位于同一层面,为地下双岛式车站,如图 5.3 所示。

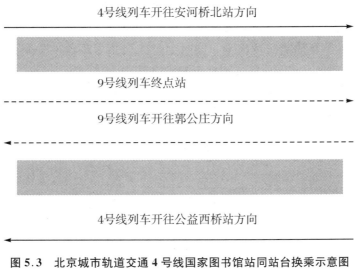

图 5.3　北京城市轨道交通 4 号线国家图书馆站同站台换乘示意图

上下层站台换乘是指乘客由一个站台通过楼梯或自动扶梯到另一站台直接换乘。根据线路交叉的情况及两车站的位置,可形成站台与站台的十字换乘、T 形换乘、L 形换乘和平行换乘的模式。

上下层站台换乘方式的关键在于楼梯或自动扶梯的宽度,该宽度往往受岛式站台总宽度的限制,使其通行能力不能满足乘客流量的需要。这种换乘方式要求换乘楼梯或自动扶梯应有足够的宽度,以免高峰客流时发生乘客滞留和拥挤。在所有换乘方式中,这种换乘方式的换乘能力最小,其制约因素是自动扶梯(楼梯)的运量。在上下层站台配置的组合中,线路的交叉点越少,则换乘能力越小。实践中,通过增加站台宽度以扩大交叉处面积,是提高上下层站台换乘能力的基本途径。

② 站厅换乘。站厅换乘一般用于相交车站的换乘,设置两线或多线的共用站厅,或相互连通形成统一的换乘大厅。乘客下车后,无论是出站还是换乘,都必须经过站厅,再根据导向标识出站或进入另一个站台继续乘车。由于下车客流到站厅分流,减少了站台上人流交织,乘客行进速度快,在站台上的滞留时间减少,但换乘距离要比站台直接换乘长。若换

乘过程中需要进出收费区,检票口的检票能力可能成为限制因素。

在站厅换乘方式中,乘客换乘线路必须先上(或下)再下(或上),换乘总高度落差大。若站台与站厅之间由自动扶梯连接,则可改善换乘条件。这种换乘方式有利于各条线路分期修建、后期形成。

③ 通道换乘。通道换乘是指在两个或几个单独设置车站之间设置联络通道等换乘设施,方便乘客完成换乘。通道可直接连接两个站台,这种方式换乘距离较近,换乘时间较短;通道还可连接两个站厅收费区,换乘距离相对较远,换乘时间较长。一般情况下,换乘通道长度不宜超过 100 m,换乘通道的宽度可根据客流状况加宽。这种换乘方式最有利于两条线路工程分期实施,预留工程最少,后期线路位置调节有较大的灵活性。

④ 站外换乘。站外换乘是指乘客在车站付费区以外进行换乘。此种换乘方式往往是由于客观条件不允许或设计不当造成的。乘客换乘路线可分割为出站行走、站外行走和进站行走,在所有换乘方式中站外换乘所需的换乘时间和换乘距离最长,给乘客的换乘带来很大不便,应尽量避免。对于轨道交通自身而言,站外换乘是缺乏线网规划造成的一种后遗症。

⑤ 组合式换乘。在换乘方式的实际应用中,往往采用两种或几种换乘方式组合,以便于所有换乘方向的乘客均能实现换乘。同时组合式换乘可改善换乘条件,方便乘客的使用。例如:同站台换乘方式辅以站厅或通道换乘方式,可使所有的换乘方向都能换乘;站厅换乘方式辅以通道换乘方式,可以减少预留的工程量。组合式换乘可进一步提升换乘通过能力,同时还具有比较大的灵活性,工程实施比较方便。

模 拟 实 验

安排学生扮演乘客与车站的工作人员,对自乘客进站、上车、换乘与出站整个过程的服务组织工作进行模拟演练,并针对演练过程中所涉及的问题进行小组讨论分析并提出解决方法。

思 考 练 习

1. 城市轨道交通客流组织的原则是什么?
2. 客流组织的工作宗旨是什么?
3. 城市轨道交通车站客流组织的进出站线路图是什么?
4. 车站进站客流组织办法是什么?
5. 车站出站客流组织办法是什么?
6. 换乘方式有哪些?

任务三　城市轨道交通车站大客流组织

知 识 要 点

1. 大客流的定义;

2. 大客流的分类；
3. 车站大客流组织的影响因素；
4. 大客流的组织措施；
5. 大客流的控制原则及措施；
6. 车站大客流组织应急预案。

任 务 目 标

1. 掌握大客流的定义；
2. 掌握大客流的分类；
3. 掌握车站大客流组织的影响因素；
4. 掌握大客流的组织措施；
5. 掌握大客流的控制原则及措施；
6. 熟悉车站大客流组织应急预案。

城市轨道线路一般选在城市的主干道的方向，沿线车站选在汽车、火车站、航空港、航运港、商业中心、文体活动中心等，这些车站会不定期地遇到大客流。为保证乘客安全和正常的运营秩序，这些车站在客流组织方面应有完善的运营组织方案和措施，在一定程度上这些方案措施补救了硬件设施的缺陷。

一、大客流的定义

大客流是指车站在某一时段集中到达的客流量超过车站正常客运设施或客运组织措施所能承担的客流量时的客流。

一般来说，大客流出现的时间具有规律性，如每天由于通勤原因引起的早晚高峰：大城市上班高峰大约在 7:30~9:30；下班高峰大约在 4:30~6:30。同时还应预见外界因素引起的大客流，如节假日伴随的旅游高峰期；举办重大活动（大型体育竞赛、文艺表演等）或遭遇风雨雪等恶劣天气时，都可能引起客流的大幅度增加。

二、大客流的分类

1. 按大客流产生的影响和后果不同划分

（1）一级大客流。一级大客流的判定标准：各车站根据本站的正常乘客数量进行比较，站台聚集人数达到或大于站台有效区域的 80%，并且持续时间大于实际行车间隔时间。这种情况会给乘客及轨道交通运营安全造成影响，存在明显的安全隐患。

（2）二级大客流。二级大客流的判定标准：各车站根据本站的正常乘客数量进行比较，站台聚集人数达到站台有效区域的 70%，并有持续不断上升的趋势。这种情况下，乘客的正常出行和轨道交通所提供的服务水平受到一定程度的影响，车站比较拥挤，乘客感到比较压抑，但没有给乘客和轨道交通运营安全造成影响。

2. 按大客流的时效性划分

（1）可预见性大客流；
（2）突发性大客流。

3. 按产生原因划分

（1）节假日大客流；

（2）暑期大客流；

（3）大型活动大客流；

（4）恶劣天气大客流。

其中(1)、(2)、(3)为可预见性大客流，(4)为突发性大客流。

三、车站大客流组织的影响因素

城市轨道交通运营企业会根据每个车站的具体位置、站台形式、设备配置方式、客流特点等因素，有针对性地编制该车站的客流组织方案。车站大客流的组织主要考虑下列影响因素：

1. 车站出入口及通道的设置

车站出入口及通道的数量、规模和位置在设计之初已经确定，一般不能再改变。车站大客流的组织应根据车站进出客流的方向和数量，灵活选择关闭或开放车站出入口的数量和位置，同时可以改变或限定通道内乘客流动的方向，达到限制乘客进站数量和流动速度的目的。从运输安全和消防疏散的角度考虑，每个车站必须保持开通两个以上出入口及通道。

2. 站厅的面积

根据城市轨道交通客流组织经验，站厅容纳率一般为 2～3 人/m^2。

3. 站台的面积

站台主要供列车停靠时乘客上下车使用，站台的设计应满足远期预测客流的需要，且站台的宽度应满足高峰小时客流量的需要。根据实际客流组织的经验，站台容纳率一般为 2～3 人/m^2。

4. 楼梯与通道的通过能力

楼梯与通道设计参数如表 5.1 所示。

表 5.1 楼梯与通道设计参数

名　称		每小时通过人数（人）
1 m 宽通道	单向通行	5000
	双向通行	4000
1 m 宽楼梯	单向下楼	4200
	单向上楼	3700
	双向混行	3200
1 m 宽自动扶梯		8100
1 m 宽自动人行道		9600

根据城市轨道交通设计规范规定，为保证通过能力，楼梯宽度不小于 1.8 m，通道的最小宽度不小于 2.5 m。单向行走时楼梯的通过能力一般按 70 人/min（下行）、63 人/min（上行）及 53 人/min（混行）计算。若采用自动扶梯，通过能力可达 100～120 人/min。通

道的通过能力则按照每米 88 人/min(单向)、70 人/min(双向)计算。

5．自动售检票设备的通过能力

以某城市轨道交通自动售票机及检票设备为例,每台自动售票机及检票设备的通过能力如表 5.2 所示。

表 5.2　某城市轨道交通每台自动售检票设备通过能力

（单位：人/min）

条　件	自动售票机	进站闸机	出站闸机
引导充分时	3～4	12～15	12～15
乘客自助时	1～2	8～9	8～10

6．列车输送能力

列车输送能力是车站大客流组织的主要影响因素,而影响列车输送能力的两大因素则是行车间隔和车辆荷载。列车行车间隔越小,车辆满载率越高,对车站客流组织的压力越大。

综上所述,车站大客流组织主要受车站出入口及通道、车站站厅的面积、车站站台的面积、车站楼梯(自动扶梯)、自动售检票设备的通过能力以及列车输送能力等因素的影响。根据实际运营经验,车站大客流组织的瓶颈主要体现在出入口、进出站闸机以及站厅到站台的自动扶梯口等处。在车站的客流组织过程中,只有抓好这些设备的薄弱环节,才能做好车站的客流组织工作。

四、大客流的组织措施

1．增加列车运能

可根据预测客流量,提前编制针对大客流的特殊情况下的列车运行图,从运能上保证大客流的运营组织。在大客流发生时,根据大客流的方向,利用就近的折返线、存车线组织列车运行方案,增开临时列车,从而保证大客流的疏散。增加列车运能是大客流组织的关键。

2．客运设备设施的准备

(1) 售检票设备的准备。在大客流发生前,设备的维护人员应事先对车站全部售检票设备进行维护、检修,确保在大客流发生时售检票设备能正常使用。

(2) 车票和零钞的准备。车站应根据客流预测和以往大客流所消耗的车票及零钞数,在大客流发生前,向票务部门申领和储备充足的车票和零钞。

(3) 临时售票厅的准备。车站可根据大客流的进出方向,选择在进站客流较集中的位置设置临时售票厅。站厅面积较小的车站,可考虑将临时售票厅设置在进站客流较多的通道内。

(4) 自动扶梯和垂直电梯的准备。车站需事先通知厂商对车站全部的自动扶梯和垂直电梯进行维护、检修。重点检查自动扶梯的毛刷、梳齿板和扶手带,确保大客流三级控制时自动扶梯能正常开启和转换。

(5) 临时导向标识和隔离设备的准备。车站需储备一些临时导向标识、告示牌和铁马、伸缩铁围栏、隔离带等隔离设备。在大客流发生前，车站应根据大客流进出方向和客流组织要求，选择适当位置张贴和摆放临时导向标识、告示牌和铁马、伸缩铁围栏、隔离带。

（6）其他客运设备设施的准备。大客流发生前车站还需准备人工语音广播和语音合成广播词、乘客咨询系统（发布信息）及急救药品、担架等，并根据车站工作人员的增加情况，相应增加手提广播、对讲机等客运设备。

3. 做好进站客流组织工作

可根据站台是否还能容纳和承受更大的客流，分两种情况来进行进站客流组织工作。

（1）当站台还能容纳和承受更大的客流时，可以采取以下措施：

① 增加售检票能力。准备好足够的车票和零钞，在地面、站厅增设临时售票点，增设临时售检票位置或增加自动售票设备的投入。

② 加开进站方向的闸机。

③ 加开通往站台方向的扶手电梯。

④ 适当延长列车停站时间。在站台上做好乘客上下车的引导工作，在保障安全的前提下，争取让更多的乘客上车，增加本次列车的运能。

（2）当站台不能容纳和承受更大的客流时，可以采取以下措施：

① 暂时或减缓售票速度，关闭部分自动售票机。

② 暂时关闭局部或全部进站方向闸机。

③ 更改扶手电梯方向，将部分或全部扶手电梯调整为向站厅层及出入口方向运行，延缓乘客进站速度。

④ 延长列车停站时间，尽可能让更多的乘客上车。

⑤ 采取进出分流导向措施，将部分出入口设置成只能出不能进，限制乘客进入，延长站台层大客流的疏散时间。可在公安人员的配合下关闭出入口，暂停客运服务，安排人员到出入口做好乘客服务和解释工作，并张贴车站关闭的通告。

4. 做好出站客流组织工作

出站客流组织工作的指导思想是保证乘客出站线路的畅通，加快出站速度，使其安全、快速、有序地离开车站。站务人员可以采取以下措施：

（1）更改扶手电梯方向，将部分或全部扶手电梯方向调整为向站厅层及出口方向运行；

（2）将部分或全部双向闸机更改为出站闸机；

（3）紧急情况时，可以采取票务应急处理模式，如采取进站免检模式、AFC紧急放行模式等。

5. 采取临时疏导措施

在大客流的组织中，临时合理的疏导是一项很重要的组织措施，主要包括车站出入口、站厅层的疏导，电动扶梯以及站台层的疏导。车站出入口、站厅层的疏导主要是根据临时售检票位置的设置，引导、限制客流的方向。临时售检票位置宜设置在站外、站厅层较空旷的位置，应为排队购票的乘客留出充分的空间，确保通道的畅通和出入口、站厅客流的秩序。电动扶梯以及站台层的疏导主要是为了尽量保证客流均匀上下扶梯和尽快上下列车，保证站台安全。站务人员应在靠近楼梯、扶梯处站岗并分散在站台的前、中、后部疏导乘客。采取的疏导措施主要有设置临时导向标识、设置警戒绳或隔离栏杆、采取人工引导及通过广播宣传引导等。

五、大客流控制原则及措施

当车站遇到特大客流时,应遵照客流三级控制原则,合理组织安排,缓解车站压力,避免发生意外。

1. 大客流三级控制原则

(1)应遵循"由下至上、由内至外"的客流控制原则。在车站出入口、进站闸机、站厅与站台的楼梯、电扶梯处进行重点控制进站客流,组织乘客上车。

(2)坚持点控和线控的原则。指挥中心负责全线的客流控制,车站站长或值班站长负责本站的客流控制。

(3)坚持集中领导、统一指挥的原则。车站在实施三级客流控制之前,需向行调报告。

2. 大客流三级控制措施

当车站遇到特大客流时,采取站台客流控制、站厅付费区客流控制、出入口(站厅非付费区)客流控制的"三级"客流控制方法。

(1)第一级控制站台客流,控制点可设在站厅与站台的楼梯、电扶梯入口处,站务人员应分散在站台的各部,维持候车和出站秩序,协助驾驶员开关车门,确保乘客安全上下车。常用措施为站厅与站台的电扶梯改为向上方向。

(2)第二级控制付费区客流,控制点设在进站闸机处,站务人员确保有序、快捷的进站秩序,及时处理票务问题。常用措施为关停部分 TVM,关停进站闸机,双向闸机设为只出不进。

(3)第三级控制非付费区客流,控制点设在车站出入口,可在站外设置迂回的限流隔离栏杆,延长进站时间,最大限度缓解站台层客流压力。常用措施为人为控制进站速度,关闭部分出入口。

六、车站大客流组织应急预案

各城市轨道交通运营企业制定的大客流组织应急预案各不相同,大致内容及流程如下:

(1)值班站长及时报告行调,行调通过监控系统加强对车站客流情况的监控;

(2)车站应加强现场的疏导工作,增加工作人员,利用隔离带、铁马做好秩序维护和服务组织工作;

(3)车站应在适当位置增设临时售票点,出售预制票,避免 TVM 前乘客排长队购票的情况出现;

(4)车站根据现场情况,利用告示牌、临时导向标识、车站控制室广播设备、手提广播,适时做好乘客的宣传、引导工作;

(5)车站行车值班员应通过监控系统,加强对现场情况的监控;

(6)车站应加强对出入口、站厅、站台客流的监控及疏导,避免站厅非付费区内人员过度拥挤或流通不畅;

(7)车站应根据客流情况,实行楼梯和自动扶梯、闸机、出入口三级控制;

(8)当站台发生拥挤时,车站应采取关闭部分自动售票机、进站闸机的措施,以减缓乘

客购票进站速度,控制进站客流,或在某些出入口实行单向疏导方式,缓解站内客流压力;

(9) 站台保安应密切注意站台和列车情况,一旦发现列车上乘客拥挤、乘客上车有困难时,车站应立即向控制指挥中心请求加开列车;

(10) 列车驾驶员发现有乘客上不了车或影响车门、屏蔽门关闭时,应及时报告行调,并通过广播引导乘客有序上车。

模 拟 实 验

安排学生扮演车站大客流时车站的工作人员,对自乘客进站、上车、换乘与出站整个过程的服务组织工作进行模拟演练,并针对大客流演练过程中所涉及的问题进行小组讨论分析并提出解决方法。

思 考 练 习

1. 大客流的定义是什么?
2. 大客流的分类是什么?
3. 车站大客流组织的影响因素是什么?
4. 大客流的组织措施是什么?
5. 大客流时有哪些客运设备设施的准备?
6. 简述大客流三级控制原则。
7. 简述大客流三级控制措施。
8. 简述车站大客流组织应急预案。

任务四　城市轨道交通突发事件客流组织

知 识 要 点

1. 突发事件定义及分类;
2. 突发事件客流疏导办法。

任 务 目 标

1. 掌握突发事件定义及分类;
2. 掌握突发事件客流疏导办法。

一、突发事件定义

突发事件是指在没有任何征兆的情况下,在城市轨道交通车站内、列车上或其他设备设施内突然发生的危及人身安全的事件。例如:地震、投毒、人为因素爆炸、设备故障火灾等事故。突发事件发生时在车站内或列车上的客流均称为突发事件客流。各车站应根据本站的具体情况建立切实可行的突发事件客流组织预案，合理安排各岗位和地点的具体工作，迅速疏散客流，避免意外发生、扩大和蔓延。

当突发事件发生时，车站可以根据实际情况采取不同的客流组织办法对乘客进行疏导。突发事件客流疏导的办法主要有疏散、清客、隔离三种办法。

二、突发事件分类

1．运营生产事故、设备设施故障及服务事件

主要包括：

（1）火灾；

（2）爆炸；

（3）列车冲突，如图5.4所示；

（4）供变电故障；

（5）列车脱轨，如图5.5所示；

（6）列车颠覆；

（7）信号系统故障；

（8）特种设备事故；

（9）危险化学品事故；

（10）突发性大客流；

（11）城市轨道交通原因造成的其周边建筑物损坏、路面坍塌等。

图5.4　列车冲突　　　　　　　　　图5.5　列车脱轨

2．自然灾害

主要包括：

（1）台风；

（2）暴雨；

（3）高温；

（4）大雾；

（5）大风，如图5.6所示；

（6）雷电；

（7）灰霾，如图5.7所示；

(8) 极寒天气；
(9) 冰雹；
(10) 泥石流；
(11) 地震,等等。

图 5.6　大风　　　　　　　　　　　　　图 5.7　雾霾

3. 公共卫生事件

主要包括：
(1) 传染病疫情,如图 5.8 所示；
(2) 群体性不明原因疾病；
(3) 食品安全和职业危害；
(4) 动物疫情；
(5) 有毒化学物品泄漏,如图 5.9 所示；
(6) 放射性污染。

图 5.8　传染病疫情　　　　　　　　　图 5.9　有毒化学品泄漏

4. 社会安全事件

主要包括：
(1) 恐怖袭击；
(2) 车站内聚众闹事；
(3) 炸弹恐吓；

(4) 毒气恐吓；
(5) 劫持列车（乘客）；
(6) 人为纵火，如图 5.10 所示；
(7) 爆炸破坏，如图 5.11 所示；
(8) 行凶、抢劫等。

图 5.10　人为纵火

图 5.11　车站爆炸

5. 其他安全（媒体）突发事件

主要包括：
(1) 大客流爆满，如图 5.12 所示；
(2) 晚点 5～20 分钟；
(3) 客伤，如图 5.13 所示；
(4) 影响次日运营；
(5) 因服务质量导致重大事件；
(6) 投诉可能引起媒体突发事件；
(7) 监督的事件；
(8) 其他事件等。

图 5.12　大客流

图 5.13　客伤

三、突发事件客流疏导办法

1. 疏散

疏散是指在紧急情况下,利用一切通道和出入口迅速将乘客从危险区域全部转移到安全区域。按照疏散地点的不同可分为车站疏散和隧道疏散,车站可因火警、列车事故、炸弹恐吓、气体泄漏、水淹等多种原因而进行紧急疏散。

2. 清客

清客是指当车站或列车出现异常时,需要将乘客从某一区域全部转移到另一区域。清客可分为非紧急/紧急情况清客、设备故障清客、列车失火或冒烟清客、清客至站台、清客至轨道等多种情况。

3. 隔离

隔离是指采用某种方式或设备人为地隔开人群或封闭某个区域。根据造成隔离的原因,隔离的组织办法分为以下几种:

(1) 非接触式纠纷隔离。乘客发生口头纠纷时,离现场最近的工作人员要立即上前调解,必要时把纠纷双方分别带到人少的地方(或车站会议室)进行劝说和调解。如其他乘客围观,应及时劝离现场,维持好车站正常秩序。

(2) 接触式纠纷隔离。乘客发生肢体冲突时,离现场最近的工作人员要立即赶到现场,与车站的保安人员一起把打架双方隔开,并通知城市轨道交通公安到场。车站控制室通知值班站长赶到现场处理,将肇事双方移交公安处理。车站要及时疏散围观的其他乘客,并寻找目击证人填写事件记录。

(3) 客流流线隔离。当车站某一端排队购票的队伍与进、出站客流发生交叉干扰时,车站工作人员可利用伸缩铁制围栏、隔离带、警戒绳、铁马等设备器具人为地隔开人群,保持进、出站客流畅通,并利用手提广播引导一部分乘客到人少的一端购票进站,避免乘客排长队的现象发生。

(4) 疫情隔离。车站发现有恶性传染疫情时,必须采取隔离组织办法,关闭各出入口,列车通过不停车,对于与疑似病人有过密切接触过的物品、人员要进行消毒、隔离,未经防疫部门的许可不得离开车站。

模 拟 实 验

针对城市轨道交通突发事件的种类,组织学生调查目前国内城市轨道交通常发突发事件,并对调查结果进行小组讨论分析。

思 考 练 习

1. 简述突发事件定义及分类。
2. 简述突发事件客流疏导办法。

项目六　车站乘客服务礼仪与技巧

任务一　城市轨道交通车站客运服务理论

知 识 要 点

1. 客运服务的定义、基本要求以及技巧；
2. 客运服务用语、礼仪规范。

任 务 目 标

1. 熟悉客运服务的要求及文明用语；
2. 掌握职业的基本礼仪规范。

客运服务(简称"客服")人员每天面对着成千上万的乘客，其一举一动、一言一行都体现着城市轨道交通的形象。除了城市轨道交通车站环境整洁优美、列车安全正点运行外，所有客运服务人员的举止言行是构成城市轨道交通一流服务质量的重要因素。

为展现城市轨道交通企业职工训练有素的风采，树立城市轨道交通良好的窗口形象，客运服务人员要从仪容仪表、言谈举止等方面一点一滴的小事做起。

一、客运服务的定义

服务是满足顾客需要的行动、过程与绩效，具有无形特性和交互作用的过程，通过与顾客"合作生产"而使顾客得到利益和满足感，即顾客也参与了服务的过程。服务是一种行为和过程及其造成的结果，而非实物形态，是一种运动形态的使用价值。

客运服务是指通过客运人员向乘客提供一定的劳务活动，即提供安全、准点、迅速、舒适的服务，满足其在乘车过程中的愿望和需求。

二、客运服务的基本要求

1. 乘客服务总要求

仪表端正、用语文明、服务周到、作业标准、环境整洁。

2. 乘客服务的"四到"

(1) 心到：精神高度集中，随时应变异常情况；

(2) 话到：主动提醒乘客安全候车,礼貌疏导客流,及时制止乘客的违章行为;
(3) 眼到：密切注视乘客情况及列车运行状态;
(4) 手到：遇到影响乘客安全或车站服务的情况时,应立即采取相应的行动。

3. 乘客服务的"三多"

(1) 多巡视：按车站巡视要求加强对站厅购票乘客和站台候车乘客的巡视;
(2) 多观察：对设备和乘客动态要多观察,及时处理异常情况;
(3) 多提醒：主动提醒乘客安全候车、有序乘车。

4. 乘客服务处理的方式、方法

(1) 易地处理：将乘客请至房间内或僻静处处理,尊重乘客;
(2) 易人处理：必要时交给其他同事处理;
(3) 易性处理：原则性与灵活性有机结合。

三、客运服务的技巧

城市轨道交通的乘客,可以分为持有"一卡通"的乘客,购买单程票的乘客,老人、学生以及持有效证件享受福利票的乘客。购单程票的乘客有的熟悉轨道交通系统,有的不熟悉轨道交通系统(如外地乘客、游客、很少搭乘轨道交通的乘客),对不熟悉轨道交通系统的乘客就要求能提供咨询等服务。

对于熟悉城市轨道交通系统的乘客,他们可以通过车站的导向系统,自助完成旅程。为这类乘客提供服务时,沟通的语言宜简洁明了,最好直奔主题。

为不熟悉轨道交通系统的乘客提供服务时,服务人员要注意采用规范用语和语音语调,力求语言亲切,采用商量的口气、言辞委婉、恰到好处,留有余地、语言幽默、顾全大局。

一线工作人员是受理和处理顾客投诉的主体,城市轨道交通运营企业的服务理念和服务质量通过他们得以实现。因此,应从以下四个方面来提升工作人员的服务技能。

1. "看"的技巧

无论是在受理乘客的投诉还是在处理乘客的投诉,我们都要与乘客进行沟通,而沟通的重要环节就是察言观色。要通过乘客的表情、神态、语言和动作等细节来观察和判断乘客的心理活动。眼神的沟通往往能够向乘客传递关注、尊重等非语言的信息和起到稳定情绪的作用,并通过运用"看"的技巧对乘客的性格、需求、喜好等做出一个基本的判断,及时调整沟通的策略。

2. "听"的技巧

"听"是了解乘客经历和需求的重要手段,也是尊重乘客的重要表现,一个不会"听"乘客说话的人,不可能成为一名优秀的工作人员。对于工作人员来说,掌握了"听"的技能就能够很融洽地与乘客建立良好的沟通氛围,同时也是缓解紧张气氛的润滑剂。

3. "说"的技巧

"说"是工作人员需要掌握的一项非常重要的技能,在受理和处理乘客投诉时,工作人员如果说得恰当,不仅可以平息乘客的愤怒和抱怨,制造一种融洽的沟通氛围,同时也有利于乘客更容易接受解决方案。说话有说话的技巧,假如出口不够谨慎,没有顾虑到乘客立场,就很容易在无意中伤害乘客,使投诉升级,产生一些不必要的误会。

用顾客喜欢的句式说话:用"我理解您这样的感受……"来平息顾客的不满情绪;用"我会……"、"我一定会……"、"我马上……"来表达服务意愿;用"你能……吗?"、"您可以……吗?"提出要求。

4."动"的技巧

身体动作和姿态是一种比语言更重要的肢体语言,它显示出工作人员的涵养、身份以及公司的对外形象和对人对物的态度。同时,工作人员的一举一动也能反映出服务的态度是否热忱,服务水准够不够专业,是不是真诚地在为乘客解决问题,作为工作人员对这项技巧需要重点掌握和运用。

工作人员应避免的身体语言:抓痒、乱弄头发或伸手梳头;手指不停地敲或咬指甲、剔牙;腿或脚不停地抖动、当众化妆;坐立不安、表情烦躁、打哈欠;嚼口香糖或吃东西。

四、服务用语

1. 文明用语

(1) 十字文明用语

① 请托语:"请";
② 问候语:"您好";
③ 致谢语:"谢谢";
④ 道歉语:"对不起";
⑤ 告别语:"再见"。

(2) 各岗通用用语

① 当乘客询问时,应面带微笑:"您好,请讲!"
② 对问路的乘客:"请走×号口。"(并配有五指并拢的指路动作)
③ 对重点乘客:得体的称呼+"我能帮助你吗?"
④ 纠正违章乘客:"对不起,请……"
⑤ 工作失误、对乘客失礼:"对不起,请原谅。"
⑥ 受到乘客表扬时:"这是我们应该做的,请多提宝贵意见。"
⑦ 受到乘客批评时:"对不起,谢谢。"
⑧ 乘客之间发生矛盾时:"请不要争吵,有问题我们可以商量解决。"
⑨ 对配合工作的乘客:"谢谢。"
⑩ 当乘客人多,要穿行时:"对不起,请让让路,谢谢。"

(3) 检验票岗用语

① 对出示证件的乘客:"谢谢。"
② 为特殊乘客开边门(或专用通道)放行:
a."请……"
b."对不起,请稍等。"
③ 对持票、卡却无法进/出闸机的乘客:
a. 招呼语:"请……"
b. 接卡分析:"请稍等。"
④ 分析处理后:

a. "对不起,卡已过期,请重新购票。"
b. "请进/出站。"
c. "请补/加×元。"
⑤ 发售免费出站票:"麻烦,请签字。"(同时递上签字本和处理好的车票)
⑥ 对不会使用磁卡的乘客:"请按箭头方向插入。"

(4) 站台岗用语
① 检查危险品时:"对不起,请您将包打开,谢谢。"
② 安全宣传:
a. "请站在安全线内候车。"
b. "请不要拥挤,分散上车。"
③ 维持秩序:"请先下后上,排队上车。"
④ 对问询乘客:"你好,请讲"或"请……"

(5) 售票岗用语
① 售票窗口拥挤时:"请大家按顺序排队,不要拥挤。"
② 对所购车票有异议的乘客:"对不起,请稍等。"
③ 对处理好车票的乘客:"请拿好。"
④ 对充资及购储值票的乘客:"请确认面值。"(并用手指向显示屏)

(6) 城市轨道交通服务人员服务禁忌
① 服务人员应做到:不讲有伤乘客自尊心的话;不讲有伤乘客人格的话;不讲怪话、埋怨乘客的话;不讲粗话、脏话、无理和讽刺挖苦的话;
② 服务人员忌用:撞语、冷语、辩语;
③ 服务人员忌用:责难的语言、侮蔑的语言、冷漠的语言、随意的语言;
④ 坚决杜绝客运服务中忌讳的五种服务态度:不热情的态度、不耐烦的态度、不主动的态度、不负责的态度、不尊重的态度。

(7) 端正态度,全心全意为乘客服务
① 端正态度:客运服务中只有端正了态度,才可能做到全心全意为乘客服务。因此全体客运服务人员应做到:主动、热情、诚恳、周到、文明、礼貌。
② 全面服务:
a. 接待乘客要文明礼貌,纠正违章态度要和蔼,处理问题要实事求是;
b. 接待乘客热心、解决问题耐心、接受意见虚心、工作认真细心;
c. 主动迎送,主动扶老携幼、照顾重点,主动解决乘客困难,主动介绍乘车常识,主动征求乘客意见。
③ 重点照顾:
a. 对老弱病残孕及怀抱婴孩或其他有特殊困难的乘客应重点照顾(在公共场所要处处礼让残疾人,尽可能为他们提供方便和帮助,但提供帮助应先征得他们的同意,等他们同意接受你的帮助并告诉你怎么做时再做);
b. 满足乘客的特殊需要;
c. 解决乘客的特殊困难。

2. 服务禁语
(1) "这种问题连三岁的小孩都懂。"

(2)"不可能,绝不可能发生这种事。"
(3)"这种问题不关我的事,请去问××。"
(4)"这个问题我不太清楚。"
(5)"这是我们公司的规定。"
(6)"这事儿没法办。"
(7)"没看我正忙着吗?一个一个来。"
(8)"别人觉得挺好呀!"
(9)"我们一直都是这么做的。"
(10)"你先听我解释。"
(11)"你也有不对的地方。"
(12)"你怎么这么讲话?"
(13)"你爱告哪儿告哪儿。"
(14)"你去找服务热线吧,这是他们的电话。"

【案例】

2006年3月20日,乘客王先生于早上8:00左右在玄武门站站台候车,在列车尚有四分钟才进站的时候,他用手机在拍摄站台照片,脚不小心踩在黄线上了,这时,站台安全员动手拉了他一下,王先生对安全员说:"即使我脚踩黄线,你也不该用手拉我,这是很不礼貌的。"该安全员说:"废话,到一边去!"

案例分析:

1. 这个案例中乘客存在的问题有:
(1)未经允许在车站拍照;
(2)没在安全线内候车。
2. 对服务人员应该肯定的是:
(1)制止在车站拍照;
(2)及时提醒乘客在安全线内候车,符合作业标准。
3. 服务人员存在的问题有:
(1)与乘客有肢体接触;
(2)服务语言不规范。

五、服务礼仪

1. 基本要求

(1)制服要求:

① 上班时间应按规定整齐统一穿着制服,佩戴领带(丝巾)、肩章、工号牌等。制服在穿之前应当熨烫整齐;领带长度适宜。

② 穿春秋制服外套应佩戴硬肩章,衬衫应佩戴软肩章;夏季制服一律佩戴软肩章。

③ 穿制服时,应衣装整洁,不缺扣、不立领、不挽袖挽裤;穿防寒大衣时,应穿好扣好,不披着、盖着、裹着,如图6.1与图6.2所示。

④ 凡着工作制服时,必须穿着工作鞋。工作鞋损坏未补发时,应着黑色皮鞋,前不露趾后不露跟,并保持光亮、整洁;女员工必须穿低跟、坡跟或平底皮鞋,不得穿高跟、细跟皮

鞋上岗。

⑤女员工配穿肉色无花纹丝袜;男员工配穿深色袜子,不可穿白色或浅色袜子。

⑥佩戴标识要清洁平整,肩章佩戴于肩上,工号牌和党徽佩戴于衣服左胸上方,党徽佩戴于工号牌的中上方;在车站站厅、站台等公共区域当班的员工(含在此范围内巡视的员工)当班时需佩戴帽子;在办公区域、票厅等封闭空间内可以不戴帽子,但女员工仍需要按规定将头发盘起并束于头花网内。

图 6.1　男员工制服　　　　　　　图 6.2　女员工制服

⑦原则上只能在工作地点、工作时间穿着工作制服,参加总公司或公司组织的重大活动时必须按要求着统一工作制服。

⑧各站应该根据公司相关规定,在规定的时间内统一换穿相应季节的制服。

(2)发型要求:

①女员工发型:留长发的女员工身着工作制服时,必须将长发盘起并束于头花网内,短发以简单大方为主,不染、不烫夸张的颜色和发型,如图6.3与图6.4所示;

图 6.3　女员工发型正面图　　　　图 6.4　女员工发型侧面图

②男员工发型:不留长发、大包头、大鬓角和胡须,两侧头发必须露出耳朵,后面头发不得超过衬衫衣领上边缘,也不可剃光头,不得染、烫夸张的颜色和发型,如图6.5与图6.6所示。

图 6.5　男员工发型正面图

图 6.6　男员工发型侧面图

(3) 站姿要求：

标准站姿：头正，双眼平视，嘴微闭，面带微笑。挺胸收腹，臀部向上向内收紧，直腰，两肩平正，微微放松，稍向后下沉；两臂自然下垂，中指对准裤缝。两腿立直，贴紧，脚跟靠拢，两脚之间夹角成 60 度的 V 字形，如图 6.7 和图 6.8 所示。

图 6.7　男员工正面图

图 6.8　男员工侧面图

几种常用站姿：

① 叉手站姿：即两手在腹前交叉，右手搭在左手上直立，男员工可以两脚分开，距离不超过 20 厘米。女员工可以用小丁字步，即一脚稍微向前，脚跟靠在另一脚内侧，重心放在后脚上，如图 6.9 和图 6.10 所示。

② 背手站姿：即两手在身后交叉，右手贴在左手外面，贴在两臀中间，两脚可分开，不超过肩宽，脚尖展开，两脚之间夹角成 60 度，挺胸立腰，收颌收腹，双目平视。

图 6.9　女员工正面图　　　　图 6.10　女员工侧面图

(4) 坐姿要求：

标准坐姿：上身自然坐直，两腿自然弯曲、并拢。男士双腿可以稍分开，双腿平落在地上，如图 6.11 所示。女士双膝、脚跟必须靠紧。坐下时两手半握拳放在膝上或双手交叉放在膝间，小臂也可平放在椅子的两侧扶手上，肩到手臂紧贴胸侧，胸微挺，腰要直，目平视，嘴微闭，面带笑容，大方、自然，如图 6.12 和图 6.13 所示。

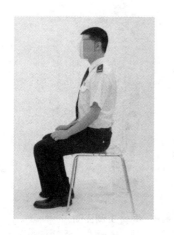

图 6.11　男士侧面图　　　图 6.12　女士正面图　　　图 6.13　女士侧面图

注意事项：

入座时，通常从座位的左侧就座。要走到座位前，然后右脚后退一步，轻稳落座，坐下后不应随意挪动椅子。

女员工入座时，若是裙装，要用手将裙子稍往前或后拢一下，坐下后稍整理一下衣裙，尤其要注意双腿并拢，两膝不能分开。

坐稳后，不要把手插在衣袋内或双手相抱，不得在椅子上前俯后仰或把腿放在椅子或扶手上，不能抖腿、跷腿或手托下巴趴在桌面上。

离座时，右脚向后收半步，然后站稳轻起，从左离开。

(5) 行姿要求：

走路时,不可弯腰驼背,大摇大摆,左右摇晃或左顾右盼。与乘客相遇时,应主动点头致意,侧身避让,避免碰撞乘客。行走时,步子不应太大或太碎,避免脚蹭地面,不要背手或双手插在口袋内行走。上下楼梯时应落脚轻盈,重心落于前脚的前脚掌处,保持平稳,如图6.14 至图 6.17 所示。

图 6.14 男士行姿正面图

图 6.15 女士行姿正面图

图 6.16 男士行姿侧面图

图 6.17 女士行姿正面图

(6) 其他要求:

① 员工上岗时只能化淡妆,不能化浓妆,不可用颜色过于夸张的唇彩、眼影、腮红;

② 女员工穿着制服时,只能佩戴样式简洁大方的项链(不可露出制服)、戒指(只可戴一枚)、耳钉(无坠,只可在耳垂上戴一副),其他饰品和款式夸张的项链、戒指一律不允许佩戴。

③ 员工在正常上岗时,必须保持十指指甲干净,女员工不允许涂有色指甲油,涂无色指甲油时,必须保持指甲油完好,不缺损;

④ 给乘客做手势指引时,应手势规范:五指并拢,手臂伸直,掌心斜向上,身体向前微弓。

2. 对乘客服务的礼貌和禁忌

(1) 用微笑来面对乘客,回答乘客问题的时候,"知之为知之,不知为不知",向别人询

问后再向乘客解答;

(2) 同事之间不在乘客面前说家乡话和争吵;

(3) 不许在乘客的背后做鬼脸,不许相互做鬼脸,不能讥笑乘客因不慎发生的事情;

(4) 交给乘客物件时应双手送上;

(5) 主动帮助老弱和残疾乘客;

(6) 处理投诉时努力记住乘客的姓名;

(7) 十字文明用语:您好,请,谢谢,对不起,再见。

模 拟 实 验

按照服务礼仪要求与技巧,组织学生面对面练习岗位用语,同时要求男、女生按照服务与礼仪标准进行礼仪服务竞赛。

思 考 练 习

1. 简述客运服务的定义、要求与技巧。
2. 服务礼仪中,男士的行姿、站姿、仪容仪表的要求有什么不同?
3. 服务礼仪中,各岗位的礼貌用语包括哪些?

任务二 站 厅 服 务

知 识 要 点

1. 站厅层服务的基本要求;
2. 站厅层细微服务的指导。

任 务 目 标

1. 掌握站厅层服务的基本要求;
2. 掌握站厅层巡视的技巧。

对于城市轨道交通客运服务来说,最容易发生纠纷的就是乘客进出站的站厅层,因此,站厅层被称为客运服务关键场所。同时,乘客文化层次差异较大,客流量不断增加,给站厅服务增加了新的难度。如何提高站厅服务质量,减少乘客投诉的发生已成为现阶段亟待解决的问题之一。

一、站厅服务的基本要求

站厅服务主要包括乘客的进出闸机服务、乘客问询服务、帮助重点乘客服务等,它的基本要求如下:

(1) 保持制服整洁,不佩戴夸张饰品,当班时应精神饱满,避免显露疲态;适当时候,向乘客友善地点头微笑或主动问候,如"早上好"、"下午好"、"晚上好"、"您好"等。

(2)留意附近的环境和设备,如遇上设备故障,应尽快报告并及时处理,以免造成乘客的不便。

(3)确保通道、站厅卫生清洁,无杂物、无积水。如发现地面不清洁或有水,应通知保洁人员放置"小心地滑"的告示牌,如图 6.18 所示。

图 6.18　告示牌

(4)留意进站乘客,并注意乘客出入闸机情况,如遇上票务问题,应做出适当的处理,如有需要,应指示乘客前往客服中心。

二、站厅细微服务指导

站厅岗站务员在工作过程中最常遇到的问题有:乘客不会使用自助售检票设备、乘客无法进站、乘客无法出站、乘客逃票进出站等。在遇到上述问题时,我们应该怎样和乘客沟通以减少纠纷发生呢? 具体如表 6.1 所示。

表 6.1　站厅细微服务指导

遇到的问题	解决的方法
1. 遇见第一次使用自动售检票设备的乘客	(1)耐心指导乘客如何使用自助购票设备,尽量让乘客自己操作,注意避免直接接触乘客财物,以免发生不必要的纠纷 (2)耐心指导乘客如何刷卡进站,并提醒乘客要妥善保管票卡,出站票卡需要回收
2. 乘客使用购票设备时出现卡币	(1)检查设备状态,如显示卡币,则按规定办理 (2)如显示正常,则由站务人员向乘客作购票示范;若有卡币,则按规定为乘客办理,若无卡币,向乘客解释(对不起,经我们核查,目前机器没有出现故障,按照规定我们不能为您办理,请您谅解和合作)

续表

遇到的问题	解决的方法
3. 乘客出站时卡票	(1) 查看闸机的状态,若发现确实卡票,则按规定办理 (2) 找到车票后,向乘客询问该车票的信息,确认车票是否为该乘客的,并做好相应的解释工作 (3) 若车站计算机没有报警,打开闸机也没有找到车票,请 AFC 维修人员到现场确认,情况属实,对乘客做好解释工作
4. 发现携带大件行李的乘客	(1) 礼貌地与乘客沟通,建议其使用升降机或走楼梯,并引导其从宽闸机进出站 (2) 如果乘客携带了超过要求的大件物品,我们应及时提醒[对不起,您不能携带超长(超重)的物品进站,请您改乘其他交通工具,谢谢您的合作]
5. 遇到成人、身高超过 1.2 m 的小孩逃票或发现违规使用车票的乘客	(1) 应立即上前制止,并要求其到售票处买票(对不起,您的孩子身高超过 1.2 m,请您买票,谢谢您的配合) (2) 若乘客故意为难工作人员,可以找公安寻求帮助 (3) 若发现违规使用车票的乘客,可按法制程序执行,必要时找公安寻求帮助
6. 出现票务问题需要前往客服中心办理	(1) 耐心地向乘客解释清楚,礼貌地用手掌指示前往的方向 (2) 若情况许可,最好能陪同乘客前往解决问题,以免乘客重复提出问题和需要
7. 发现有大量乘客在站厅或出入口聚集,迟迟未进站	(1) 上前了解情况,询问是否需要帮助 (2) 让这群乘客在乘客相对少的地方等待,尽量不影响客流的正常进出 (3) 要对是否为非法团体有一定的敏感性(报告上级)

【知识链接】

北京城市轨道交通违禁品规定如表 6.2 所示。

表 6.2　北京城市轨道交通违禁品规定

类　　别	违禁品详细名录
枪支、军用或警用械具类（含主要零部件）	(1) 公务用枪和民用枪：手枪、步枪、气枪、猎枪、麻醉注射枪等 (2) 其他枪支：样品枪、道具枪、发令枪、打火机枪、仿真枪等 (3) 军械、警械：警棍等 (4) 国家禁止的枪支、械具：钢珠枪、催泪枪等 (5) 上述物品的仿制品
爆炸物品类	(1) 弹药：各类炮弹和子弹等 (2) 爆破器材：炸药、雷管、手雷、导爆索、打火机等 (3) 烟火制品：礼花弹、烟花、爆竹等
管制刀具	(1) 匕首、三棱刀（包括机械加工用的三棱刮刀） (2) 带有自锁装置的弹簧刀
易燃易爆	(1) 包括汽油、柴油、松香油、油纸、双氧水等 (2) 2 kg 以上的白酒、氢气球
毒害品	包括氰化物、汞（水银）、剧毒农药等剧毒化学品以及生漆等
腐蚀性物品	包括盐酸、氢氧化钠、氢氧化钾以及硫酸、硝酸、蓄电池等
放射性物品	放射性同位素等放射性物品
国家法律、法规规定等其他禁止乘客携带的物品	(1) 禁止携带超长(1.8 m 以上)、笨重物品（如自行车、洗衣机、电视机、台式电脑显示器、电冰箱、组合音响等） (2) 禁止携带动物以及妨碍公共卫生、车内通行和危害乘客安全（如玻璃及易碎玻璃制品）的物品乘车

三、站厅巡视时服务技巧

(1) 巡视时要多看、多听、多巡、多引导。多看：看有无异常情况，有无需要帮助的情况和需要处理的设备故障；多听：多听乘客对我们服务的意见、建议；多巡：即多走动、巡视了解站厅客流情况；多引导：引导乘客到乘客较少的站厅一端 TVM 或临时售票点购票乘车。

(2) 多名乘客同时求助时，根据实际情况分轻重缓急依次处理，必要时报告车控室，不得对乘客不理不睬。

(3) 受到乘客的责骂、殴打时应做到"打不还手、骂不还口"，同时注意自我保护；若乘客行为危及员工人身安全，应及时报警处理。

(4) 要及时查看 AFC 设备中的钱箱、票箱情况，以便及时更换。

(5) 当所有 TVM 前乘客排长队时，请示值班站长开启人工售票。

(6) 能自己解决的问题要及时、果断处理，避免处理时间过长，不能自己处理的问题应及时通知值班站长。

四、车站边门管理

车站边门又称绿色通道,主要为无票人员临时通过使用,如图6.19所示。为了避免票款流失,轨道交通企业对边门的使用进行了严格规定,如表6.3所示。

图6.19　车站边门

表6.3　某城市轨道交通企业边门管理规定

类别	人员	有效凭证	注意事项	备注
员工	非本站员工	不得从边门进出		携带大件设备设施、陪同参观、参与临时抢修或紧急抢险员工(持员工卡)除外
城市轨道交通相关人员	参访人员	"城市轨道交通参观人员出入证"	需在"员工通道门进出登记本"上登记	分公司综合部核批准盖章
	抢修抢险人员	抢修抢险负责人提前联系OCC通知车控室		车控室通知厅巡或保安,引导现场抢修负责人等由边门进出
	委保设备维护人员	"城市轨道交通车站边门通行证"		
	调研人员,设备零星(短期)维护、维修及施工作业人员	"城市轨道交通临时出入证"		
	城市轨道交通保安	保安制服+"城市轨道交通物业保安工作证"	无需登记	保安人员佩戴"城市轨道交通物业保安工作证"
	城市轨道交通保洁	保洁工装+"城市轨道交通物业保洁员工作证"		保洁人员佩戴"城市轨道交通物业保洁员工作证"

续表

类别	人员	有效凭证	注意事项	备注
免费人员	老年人	身份证(不限地区)	需在"免费优惠单程票发放登记本"上登记	65周岁(含65周岁)及以上
		"某某市敬老优待证"		
		"某某市暂住老人免费乘车证"		
		"港澳同胞回乡证"		
		"港澳同胞来往内地通行证"		
		"台湾居民来往大陆通行证"		
		"护照"(不限国籍)		
	残疾人	"中华人民共和国残疾军人证"		
		"中华人民共和国残疾人证"(盲人一级、盲人二级)或残疾人乘车卡		
		"中华人民共和国伤残人民警察证"		
		"伤残国家机关工作人员证"		
		"伤残民兵民工证"		
	离休人员	"中国人民解放军离休干部荣誉证"		
		"离休干部优待证"		
付费人员	持纸票乘客	有效纸票		团体票

模拟实验

针对车站站厅可能出现的问题进行情景假设,安排学生扮演乘客与车站工作人员,按照站厅细微服务指导进行服务与处理演练,并针对演练过程中所涉及的问题进行小组讨论分析并提出解决方法。

思考练习

1. 简述站厅服务的基本要求。
2. 站厅层客服中心的细微指导主要包括哪些方面?
3. 简述站厅巡视服务技巧。
4. 简述车站边门管理规定。

任务三　客服中心服务

知 识 要 点

1. 客服中心服务的基本要求;
2. 客服中心细微服务指导。

任 务 目 标

1. 掌握客服中心服务的基本要求;
2. 掌握客服中心售票岗服务的技巧。

客服中心(一般与车站"售票亭"兼用)位于车站的非付费区,负责整个车站的售票、补票、处理坏票,是车站最繁忙的场所之一。客服中心作为车站服务的前沿阵地,它的服务水平的高低直接影响整个车站的服务质量。如图 6.20 所示。

图 6.20　客服中心

一、客服中心服务的基本要求

客服中心服务主要包括充值服务、乘客投诉处理、售票、补票、处理坏票等票务服务,客服中心服务的基本要求如下:

(1)保持制服整洁,不佩戴夸张饰品;当班时应精神饱满,避免显露疲态;乘客购票时,要主动热情、态度和蔼、面带笑容。

(2)售票时,应做到准确无误;对乘客表达不清楚的地方,要仔细询问清楚以免出错;在任何情况下,车票、收据与找零应同时交给乘客,并提醒乘客当面点清找零钱款。

(3)熟悉售票、补票、处理坏票、车票分析的基本操作程序,能够有效率地处理票务问题。

(4)仔细聆听顾客的询问,耐心听取乘客的意见;在乘客说话时,保持眼神接触,并且点头表示明白或给予适当回应。

（5）对于来到客服中心的乘客,应主动问好,耐心及有礼貌地向他们收集信息,弄清乘客的需要,解决乘客遇到的问题,如未听清乘客的需要,必须有礼貌地说:"对不起,麻烦您再讲一遍。"

二、客服中心细微服务指导

票务员在工作过程中最常遇到的问题有:乘客要求退票,处理乘客支付的残钞、假钞,无法找零,乘客排队过长等。那么在遇到上述问题时,我们应该怎样和乘客沟通以减少纠纷发生呢?具体如表6.4所示。

表6.4 客服中心细微服务

1. 乘客购买单程票卡	售票员严格执行"一收、二唱、三操作、四找零"的程序
2. 乘客给一卡通充值	您好,请问您要充××元 我收到您××元 您卡上的余额为××元 您卡上现在的余额为××元 把一卡通、收据和找零一起交给乘客,提醒乘客当面点清
3. 处理乘客付给的残钞	(1) 不接收缺损四分之一以上的纸币 (2) 拒不接收破旧、辨认不清面值的纸币 (3) 其余正常流通的人民币都应该按规定收取
4. 处理乘客付给的假钞	(1) 不直接告诉乘客是假钞,只要求乘客更换 (2) 可以报告值班站长或请求公安协助 (3) 如遇到数量较多的假钞,应立即报告值班站长或请求公安出面处理
5. 乘客要求退票	(1) 向乘客解释单程票一律不给退票 (2) 如办理储值票退票,则需到指定的储值票发放点办理
6. 当遇到找不开零钱时	(1) 应有礼貌地询问:"对不起,请问您有零钱吗" (2) 如乘客没有零钱:"对不起,这里的零钱刚找完,请您稍等,我们马上备好零钱或麻烦您到对面的票亭兑换"
7. 发现有乘客插队时	用礼貌而坚定的语气提醒乘客:麻烦您先排队,我们会尽快为您办理
8. 乘客在售票亭前排起长队	(1) 遇到有不耐烦的乘客时,应适当地安慰:请您稍等,我们会尽快为您办理 (2) 如果需要较多时间接待某位乘客,可以向其他同事请求帮助
9. 乘客投诉时	(1) 清楚地了解问题以后,先向乘客表示抱歉和理解他们的不满,并最好能在乘客提出要求前就提出若干解决问题的建议 (2) 如果顾客仍然不满意、生气,可以寻求上司协助,这时也要向他表示歉意,并解释已经向上司寻求帮助,请稍等

【小贴士】

哪些证件可以换取福利票呢?

根据北京市政府相关规定，下列证件可换取福利票：

（1）离休干部持"离休证"。

（2）残疾军人持"残疾军人证"、伤残人民警察持"伤残人民警察证"。

（3）现役士兵（含武警士兵）持"士兵证"可免费乘坐城市轨道交通。

（4）盲人持"残疾证"及其一名陪同人员可免费乘坐城市轨道交通。

其他可换领福利票的人员及所持证件，以相关通知为准。

注意：在为乘客换领福利票时，车站工作人员须遵守下列规定：

（1）核对乘客所持有的免费证件是否有效。

（2）如实填写"福利票换领记录"。

（3）如遇持"残疾证"（视力残疾）的盲人乘客，需向其一名陪同人员发放福利票。

（4）车站售票人员换岗时，不得留有已发行但未向乘客发放的福利票。

三、售票员岗位的服务技巧

（1）排队超过 8 人，并维持 3 分钟以上，请示值班站长开启人工售票。

（2）在出售及分析车票时尽可能使用功能键，使操作准确而快捷。

（3）在兑零空余时间尽可能把硬币盘摆满硬币。

（4）所兑硬币不散放，而是垒成柱形，使乘客取币方便、快捷，不得有丢、抛的动作。

（5）充分利用点币盘兑零，同时台面适量放置几个硬币。

（6）减少售票亭交接班时对乘客服务的影响，如：交接班时间安排在车站非高峰期；交班前做好有关准备；接班人先准备好一盘硬币。

（7）应优先处理付费区内乘客，并要礼貌地让非付费区内乘客稍等。

（8）应预备充足的零钱和车票，掌握存量，及时通知值班员追加，保证兑零工作顺畅。

模 拟 实 验

安排学生分角色扮演乘客与车站客服中心人员，按照客服中心细微服务指导进行服务与处理演练，并针对演练过程中所涉及的问题进行小组讨论分析并提出解决方法。

思 考 练 习

1. 客服中心售票岗如何为乘客办理一卡通充值业务？

2. 售票岗位服务技巧包括哪些方面？

任务四　站台服务

知 识 要 点

1. 站台服务的基本要求；

2. 站台细微服务指导；

3. 站台服务技巧。

任 务 目 标

1. 掌握站台服务的基本要求；
2. 熟悉站台细微服务指导；
3. 掌握站台服务的技巧。

站台服务是车站服务的重要组成部分，在早晚高峰时，站台上来往乘客较多，稍有疏忽，就有可能发生安全事故，尤其是在乘客上下车时容易混乱，工作人员和乘客之间也容易发生纠纷。因此，站台服务需要将安全和服务技巧相结合。如图6.21所示。

图6.21　站台服务

一、站台服务的基本要求

站台服务主要包括：乘客候车服务、乘客安全服务、重点乘客服务、乘客广播、乘客秩序维护等。站台服务的基本要求如下：

（1）保持制服整洁，不佩戴夸张饰品；当班时应精神饱满，避免显露疲态；适当时候向乘客友善地点头微笑或主动问候"早上好"、"下午好"、"晚上好"、"您好"。

（2）确保站台环境清洁，留意站台设备，如发生故障，能及时保修，以免造成乘客的不便。

（3）留意乘客安全，个别乘客站在安全线以外时，应给予适当提醒，协助乘客安全进出车厢，维持站台秩序，方便开关车门。

（4）留意站台上乘客的需要，如看到乘客有任何困难（身体不适、行动不便等），应主动上前了解情况，并尽量提供帮助，必要时可以向其他同事请求协助。

（5）遇到特殊事件时，能正确及时地进行站台广播。

二、站台细微服务指导

站台岗站务员（安全员）在工作过程中最常遇到的问题有：乘客不按规定候车、乘客抢上抢下、乘客丢失物品等。那么在遇到上述问题时,我们应该怎样和乘客沟通以减少纠纷发生呢? 具体如表6.5所示。

表6.5 站台细微服务指导

1. 发现乘客站在黄色安全线以外候车	(1)应及时提醒乘客:为了您的安全,请在黄色安全线以内候车 (2)如果乘客没有退后,应立即上前制止该乘客的行为
2. 发现乘客携带大件行李	应主动提醒乘客注意安全,防止行李碰伤其他乘客或掉下轨道,并向其解释到达目的地时应使用升降机或走楼梯,不能使用自动扶梯
3. 发现乘客采用蹲姿候车	应及时上前了解情况,看乘客是否有身体不适,如没有,应提醒乘客:为了您的安全,请勿蹲姿候车
4. 遇见身体不适的乘客	应主动上前询问情况,并指引他们到候车椅上休息,如果情况严重,则通知车站控制室处理
5. 发现乘客在站台上吸烟	应立即上前制止,并有礼貌地解释:对不起,为了安全,站内不允许吸烟,请您灭掉烟头,谢谢您的合作
6. 遇到客流高峰期	应引导乘客到人数较少的车门上车,并有礼貌地提醒站台上的乘客先下后上
7. 乘客企图冲上准备关门的列车	应阻止乘客(避免和乘客有直接碰触)并有礼貌地提醒:请勿靠近车门,下班列车将于××分钟进站,请等候下班列车
8. 发现有乘客在站台上逗留	若发现有长时间逗留在站台不出站的乘客,应主动上前询问情况,避免发生逗留的乘客跳轨等紧急情况的发生
9. 乘客有物品掉下轨道	站务员应立即提醒并安抚乘客:为了您的安全,请勿私自跳下轨道;请您放心,我们工作人员将会立即为您处理,谢谢您的合作

三、站台服务技巧

(1)四到:

心到:精神高度集中,随时应变异常;

话到:提醒乘客按排队箭头候车,不要越出候车线,礼貌疏导客流,向违章乘客解释并制止;

眼到:三步一回头,密切注视乘客情况及列车运行状态;

手到:主动处理问题,如发现地面有水,及时设置"小心地滑"告示牌,设备故障放"暂停服务"告示牌,地面有脏物时及时找保洁清除。

(2)四多:

多监控:密切监督站台乘客情况,必要时采取控制措施;

多提醒:提醒乘客看管物品,看好小孩,不得打闹、追逐,到人少的一端候车,等等;
多联系:发现异常情况及时与车控室及其他岗位联系;
多巡视:在列车到达间隙巡视站台一遍,巡视时"三步一回头"。
(3)站台发现乘客伤亡事件或其他异常情况时,及时寻找目击证人并记录。
(4)遇蛮横、不讲理的乘客及时与车控室联系,不与乘客发生正面冲突。
(5)站台客流不均匀时,及时引导控制,防止乘客拥挤和扒门。

模 拟 实 验

安排学生分角色扮演乘客与车站站台工作人员,按照站台细微服务指导进行服务与处理演练,并针对演练过程中所涉及的问题进行小组讨论分析。

思 考 练 习

1. 简述站台服务的基本要求。
2. 简述站台细微服务指导。
3. 站台的工作人员若发现携带大件行李的乘客该如何指导?

任务五　乘客纠纷处理

知 识 要 点

1. 纠纷的类型以及员工的职责;
2. 各项纠纷处理的流程及要求。

任 务 目 标

1. 掌握乘客纠纷处理的各岗位职责;
2. 掌握各项纠纷处理的流程及要求。

城市轨道交通企业作为窗口服务行业,已制定了服务流程,加强了职工业务技能和服务技能的培训,服务理念也发生转变,服务质量有了较大的提高,但在工作中产生纠纷是不可避免的事情,这些纠纷发生后如果得不到及时的调解和解决,将会严重影响到城市轨道交通企业在公众中的形象,有的甚至会影响社会的和谐。

一、纠纷的类型

城市轨道交通车站纠纷主要包括乘客间的纠纷、乘客与员工间的纠纷两类。
(1)乘客间的纠纷是指乘客在乘坐城市轨道交通过程中相互之间产生的纠纷甚至斗殴问题。
(2)乘客与员工间的纠纷是指工作人员在服务过程中与乘客发生争执,造成一定后果的服务质量问题。按性质划分,可以分为一般服务纠纷和恶性服务纠纷两种。

① 一般服务纠纷:指因处置服务矛盾不当,形成影响正常运营服务的服务纠纷;

② 恶性服务纠纷:指造成恶劣影响的,造成乘客人身伤残或较大财物损失的,造成车辆停驶、严重影响运营秩序的,矛盾激化、引起严重后果的服务纠纷。

二、员工的职责

(1) 在站台和站厅岗的工作人员发现乘客纠纷事件后,要及时上前劝阻,疏散围观人群,挽留目击证人,报告车控室通知值班站长到场;

(2) 值班站长接报迅速到达事发现场,劝阻乘客,接洽目击证人,报告城市轨道交通公安,协助公安调查取证,对受伤需送医院的乘客帮助呼叫"120",如系车站员工职责导致乘客受伤的,车站应派人员送乘客到医院治疗。

三、乘客与乘客之间纠纷处理流程及要求

(1) 发现乘客与乘客之间纠纷、斗殴时,注意自我保护,第一时间上前劝解、分开纠纷乘客,劝阻纠纷或斗殴,立即报车控室安排支援,疏散围观乘客,防止其他乘客受到伤害。向附近的保安、同事求助。车控室接报后通知值班站长及车站员工赶往现场处理,报城市轨道交通公安。

(2) 值班站长及现场员工、保安在公安未到达现场时,尽力将双方分开隔离、留下,等候公安处理。如发现乘客流血等伤势较重的,征求对方同意后立即拨打"120"、保险公司电话等。

(3) 公安到场后,将纠纷双方、目击证人移交城市轨道交通公安处理,由值班站长向公安了解后续处理情况。

四、员工与乘客纠纷处理流程及要求

(1) 车站员工处理乘客事务受到乘客侮辱、恐吓或攻击时,员工应第一时间做好自我保护、躲避,及时向车控室汇报,车控室接报后须立即通知值班站长及车站员工赶往现场处理,报城市轨道交通公安。

(2) 现场人员须保持冷静、克制,坚持"骂不还口,打不还手"原则,尽力控制局面,若乘客攻击车站员工,员工要及时躲避,保护自身安全,并将肇事者留下交公安处理。

(3) 乘客攻击员工造成员工人身伤害时,车站需立即安排员工送伤者到医院验伤、治疗,并马上将情况上报站长和相关部门。

(4) 发生冲突时,现场人员注意互相协助、保护、克制、冷静地处理,注意保留证据(如将肇事者引向监控区域),及时挽留目击证人。

模 拟 实 验

安排学生分角色扮演乘客与车站工作人员,按照各项纠纷处理的流程演练,并针对演练过程中所涉及的问题进行小组讨论分析并提出解决方法。

思 考 练 习

1. 城市轨道交通车站纠纷的类型有哪些?

2. 当城市轨道交通内发生乘客与乘客之间的纠纷时,各岗位的职责以及处理流程包括哪些?

任务六　乘客投诉

知 识 要 点

1. 乘客投诉的分类、原则、途径;
2. 乘客投诉的处理方法及技巧。

任 务 目 标

1. 掌握乘客投诉的分类以及解决的途径;
2. 掌握乘客投诉的处理方法和技巧。

乘客投诉是指乘客在乘坐城市轨道交通时因城市轨道交通的原因,造成乘客不满意,乘客为了保障自身的合法权益,检举城市轨道交通违规和协调解决纠纷的行为过程。国家标准委日前发布了《城市轨道交通运营管理规范》,此规范是首次制定、首次发布,为市民乘坐城市轨道交通出行提供了保障。

一、投诉分类

乘客投诉分为有责投诉(有效投诉)和无责投诉(无效投诉)两类,城市轨道交通企业应认真对待乘客的两类投诉,妥善进行处理,可指定部门受理,也可运用投诉热线处理乘客投诉。

1. 有责投诉

在城市轨道交通运营服务中,由于员工服务纠纷及设施设备、环境、治安、城市轨道交通政策等方面的不足或其他原因引起乘客投诉,造成一定程度的负面影响或乘客利益损害,相关部门或人员负有责任的,称为有责乘客投诉。有责投诉按照时间的性质及产生的后果轻重,一般可分为一类有责投诉、二类有责投诉及三类有责投诉。

(1) 一类有责乘客投诉,是由于下述情况引起的乘客投诉:

① 服务工作中未能掌握运营服务知识和技巧;
② 不及时放置警示牌,误导乘客;
③ 不主动维持乘客购票和候车秩序;
④ 没能礼貌、耐心解答乘客的问题及帮助有困难的乘客;
⑤ 出售储值票时,未请乘客确认显示屏上的金额;
⑥ 客车门故障暂停使用,未张贴"此门故障,暂停使用"的标识;
⑦ 不按规定播放广播或播放不及时;
⑧ 接到乘客求助5分钟内未能赶赴现场;

⑨ 运营时间出入口关闭没有张贴"告示";
⑩ 车站公告栏的内容与实际营运不符;
⑪ 其他违反服务标准的行为,尚未造成乘客损失。
(2) 二类有责乘客投诉,是由于下述情况引起的乘客投诉:
① 对乘客投诉的调查弄虚作假或隐瞒不报;
② 与乘客发生争执、拉扯的行为;
③ 列车清客时,未做好广播及解释工作;
④ 末班车未提前做好广播;
⑤ 对乘客违反规定的行为不予以制止;
⑥ 在岗时做私事;
⑦ 提前关站或延误开站时间 10 分钟以内;
⑧ 对乘客讲斗气、噎人、训斥、顶撞的话语;
⑨ 列车清客时工作人员存在用东西敲打车厢、扒拉乘客等行为;
⑩ 票亭找零不足造成乘客投诉;
⑪ 员工找错钱,卖错票,多充、少充充值卡,金额在 10 元以下(非有意行为)。
(3) 三类有责乘客投诉,是由于下述情况引起的乘客投诉:
① 对乘客有推、拉、打、踢等粗暴行为;
② 讥笑、谩骂乘客,讲有侮辱乘客自尊心和人格的话;
③ 作弄、欺瞒乘客的行为;
④ 由于员工工作失误,造成乘客经济损失 10 元以上;
⑤ 提前关站或延迟开站 10 分钟及以上;
⑥ 利用乘客信息采取不同形式的骚扰、恐吓等;
⑦ 工作中有舞弊行为,使乘客利益受损;
⑧ 其他因城市轨道交通服务设备、设施故障,造成乘客利益严重受损或给乘客带来较大的不便;
⑨ 在媒体上披露的投诉。

2. 无责投诉

在城市轨道交通运营服务中,非城市轨道交通方责任或是由于乘客自身原因或其他原因引起乘客投诉,相关部门或人员不负有责任的,称为无责乘客投诉。

对于无责投诉,城市轨道交通相关部门对乘客做好解释和安抚工作。

二、投诉的途径

当乘客对城市轨道交通服务产生不满时,主要通过以下途径提出投诉:乘客本人直接提出、填写乘客意见表、拨打城市轨道交通投诉热线、投递投诉信、通过新闻媒体播报等。

三、投诉处理原则

(1) 乘客投诉调查处理工作要及时、客观、公正;
(2) 处理乘客投诉按"四不放过"原则,即投诉原因没弄清楚不放过,责任人没有受到处理不放过以及相关员工没有受到教育不放过,没有制定整改防范措施或措施没落实不放过；

(3) 车站受理投诉时,应使用礼貌语言,认真聆听并及时填写"乘客意见表",问清投诉的原因,记录相关的内容,说明回复时间后,在规定时间内通告相关责任人。

四、乘客投诉处理要求

(1) 严格执行有关信访制度,接受乘客投诉时,如有可能则及时澄清；接受投诉不得推诿,必要时应及时上报有关部门领导；

(2) 对于乘客来信,除车站站长(或授权人)外,其他人员不得私自拆开阅读,来信要认真登记并填写"乘客意见表",检查落实并将处理结果上报有关部门；

(3) 对于乘客电话投诉,接电人要认真登记并填写"乘客意见表",说明回复时间后,在规定的时间内报告站长(或授权人)；

(4) 对于上级转发过来的投诉,由值班站长认真登记投诉内容,说明回复时间后,在规定的时间内报告站长(或授权人)；

(5) 站长(或授权人)认真对投诉进行调查,在处理过程中经常与乘客保持必要的联系；

(6) 站长(或授权人)及时将投诉处理的结果回复乘客并表示感谢,力求使其满意,如果员工有过错,则应向乘客道歉及维护乘客合法权益；

(7) 站长(或授权人)及时将投诉处理情况答复相关部门,对被投诉的相关责任人进行处理,组织员工进行学习交流,吸取教训,制定改进措施。

五、乘客投诉受理标准

(1) "忍"：在受理乘客投诉时,不应表现出抗拒的姿态,即使明知是乘客的不对,也不要急于辩解和反驳,更不能与乘客发生争辩,应耐心听乘客讲完,弄清事实,恰当处理。

(2) "诚"：在受理乘客投诉时,即使不满意乘客的投诉,也应以诚恳的态度向乘客道歉,让乘客感到自己的投诉受到重视,满足乘客的自尊心,也便于工作人员更好地与乘客交流沟通。

(3) "速"：在受理乘客投诉时,区别不同情况,在征得乘客同意后做出迅速而恰当的处理,不应敷衍和相互推卸责任。采取措施后,询问乘客是否需要进一步帮助。

(4) "理"：在受理乘客投诉时,应公平、公正、合理地处理乘客的投诉,对乘客做出合理的解释和正确的处理,不与乘客斤斤计较,得理让人,让乘客得到满意的答复。

(5) "礼"：在受理乘客投诉时,要礼貌热情地接待,耐心听取乘客意见,不卑不亢,对于较复杂、有争议的问题,应查明真相,有礼有节地做出处理。处理完毕后,要向乘客致谢,感谢乘客投诉及提出意见,促使城市轨道交通不断改进服务。

六、乘客投诉处理流程

乘客的投诉可由车站站长、值班站长及相关部门进行处理。在处理乘客投诉时,流程一般分三阶段共七步。

1. 处理情绪阶段(一阶段)

(1) 接受(一步)：不要把投诉看成个人的得失,用平和的语气对乘客表达有解决问题

的诚意,用恰当的语言化解乘客的怒气;

(2) 道歉(二步):对乘客造成的不便表示真诚的歉意;

(3) 确认(三步):重视乘客的感觉,请求乘客的谅解并对乘客表示愿意帮忙。

2. 解决问题阶段(二阶段)

(1) 分析(四步):专心地聆听乘客的投诉,收集和分析资料,通过询问了解事情的来龙去脉;

(2) 解决(五步):在职权范围内寻求解决的方法和建议,若乘客不接受,尝试其他解决办法;

(3) 协定(六步):再次确定与乘客已协定的解决方案(尽可能地记录)。

3. 最后回复阶段(三阶段)

回复(七步):向乘客表达你的关心,并表示愿意帮忙,同时感谢乘客提出的投诉。

七、乘客投诉处理方法

(1) 当发生投诉时,我们应当勇敢地去面对该起投诉,实事求是,尽量得到投诉人的理解。尽量大事化小,小事化无。

(2) 处理投诉可以采用"易人、易地、易性"进行处理。

① 易人处理:必要时交给其他站务人员处理;

② 易地处理:将乘客请到房间内或僻静处处理,给乘客留面子;

③ 易性处理:原则性和灵活性有机结合。

八、乘客投诉回复时间

为保障市民乘城市轨道交通出行,国家标准委日前发布了《城市轨道交通运营管理规范》,要求运营单位应委托第三方进行乘客满意度调查,并对发现的问题及时进行整改。运营单位要在站厅、站台和列车内显著位置公布监督投诉电话,设置受理和处理乘客投诉的专职机构和专职人员。在接到乘客投诉后,应在 24 小时内处理,7 个工作日处理完毕,并将处理结果告知乘客。要求其年度统计数据要满足有效乘客投诉率不超过 3 次/百万人次,有效乘客投诉回复率 100%。

【案例】

乘客投诉在××站刷卡后出不了闸,便去售票亭咨询,工作人员告诉其卡上余额不足,乘客表示没带足够的钱,可否先把卡押在售票亭,出去取钱再过来充值,工作人员听后态度和语气马上变得很恶劣,说乘客没钱坐什么车,这样不仅增加工作人员的工作量,还浪费时间,说完后便不再理乘客,也没有告诉乘客该怎么做。乘客等了好几分钟后,售票员才告诉乘客把卡押在售票亭出去取钱过来充值。之后乘客投诉工作人员服务态度差。

主要原因及改进措施:

1. 售票员对职权范围内处理不了的乘客事务未及时报车控室(客值、值站)处理。

2. 在处理这种特殊的乘客事务时,若乘客已充分表达想积极配合车站工作的意向,那么工作人员应尽可能地本着人性化处理的原则灵活处理,以求达到双赢;工作人员对乘客的言行不得妄加评论,更不得有侮辱其人格之嫌,不得在公共区发表欠妥的言语。

模 拟 实 验

安排学生分角色扮演乘客与车站工作人员,按照乘客投诉处理的原则模拟演练处理乘客投诉的流程,并针对演练过程中所涉及的问题进行小组讨论并提出解决方法。

思 考 练 习

1. 当城市轨道交通内发生乘客投诉事件时,各岗位的职责以及处理流程包括哪些?
2. 乘客投诉受理的步骤主要包括哪几个方面?

任务七　客伤的处理

知 识 要 点

1. 客伤的定义和处理的原则;
2. 不同程度客伤的处理流程。

任 务 目 标

1. 掌握客伤的定义及处理的原则;
2. 掌握不同程度客伤的处理流程。

客伤是指在城市轨道交通范围内发生的城市轨道交通外部人员及非在岗作业的城市轨道交通员工发生的人身伤害及伤亡事件的总称。轻微客伤是指在城市轨道交通范围内发生的城市轨道交通外部人员及非在岗作业的城市轨道交通员工发生的不需送往医院抢救、检查和治疗,可在现场简单包扎处理的轻微客伤。

客伤的处理应本着"真诚待人,实事求是,适时安抚,协商解决"的原则。能否妥善处理好客伤事件直接影响到企业的对外形象,企业应制定客伤处理的规则,指定专门部门和专人负责处理客伤事件,处理客伤的工作人员要了解企业的各项规章制度、设施设备的工作和使用要求,并掌握一定的法律知识。

城市轨道交通企业为了维护企业的利益和乘客的利益,应向保险公司投保或设立安全基金以帮助企业妥善处理客伤理赔事宜。从客伤的处理中,也可反映出运营管理中的缺陷之处和一些设备、设施方面的不完善,帮助企业发现问题、解决问题,更好地做好为乘客服务的工作。

一、客伤事件处理的原则

(1) 车站在处理客伤事件时要以维护城市轨道交通公司形象、保护城市轨道交通公司最大利益为原则,以人为本,给予乘客必要的帮助;

(2) 车站在处理客伤事件时要第一时间取证,尽可能得到旁证及当事人签字确认,以

事实为依据,客观记录,充分保留原始资料;

(3) 及时将(前期)处理结果报告相关部门,以备后续处理。

二、乘客人身伤害的范围

(1) 乘客自验票进入闸机时至出闸机止,对运输期间发生的乘客人身伤害,城市轨道交通承担运输责任,包括但不限于以下情况:

① 城市轨道交通设备、设施损坏未及时修复且未设置警示、防护造成的;

② 城市轨道交通施工作业造成的;

③ 列车紧急制动造成的;

④ 城市轨道交通范围内的垂直电梯、自动扶梯突然停止运行或启动造成的;

⑤ 屏蔽门、车门夹人造成的(乘客强行上下车的情况除外);

⑥ 城市轨道交通设备、设施(垂直电梯、自动扶梯、屏蔽门、车门、闸机等)发生故障造成的;

⑦ 车站或列车内湿滑未及时清理或设置防护警示造成的(因不可抗力量造成的除外);

⑧ 闸机夹人造成的(乘客强行出闸、无票尾随出闸等情况除外)。

(2) 其他非乘客自身责任在付费区内造成的:

① 无票人员在城市轨道交通付费区内发生的人身伤亡,比照乘客办理;

② 无票人员(包括已购票但未验票入闸的人员)在城市轨道交通非付费区内发生的人身伤亡,因城市轨道交通设备设施或管理所致的,比照乘客办理;因其自身原因所致的,原则上不予承担责任。

(3) 由下列情形之一造成的乘客人身伤害,城市轨道交通不承担运输责任:

① 乘客违反城市轨道交通运营管理暂行办法而造成的乘客本人或他人伤害;

② 不可抗力造成的乘客人身伤害;

③ 乘客自身健康原因造成的乘客本人或他人伤害;

④ 能证明是乘客故意、重大过失造成的乘客本人或他人伤害;

⑤ 因第三者责任(包括斗殴或制止斗殴)造成乘客人身伤害时,受害者直接向施害的第三者索赔,城市轨道交通公司原则上不予承担责任;

⑥ 利用城市轨道交通站通道穿行或在车站逗留、休息等无票人员因自身原因造成的伤亡,城市轨道交通车站只提供基本援助(如拨打120等),原则上不予承担责任。

三、轻微客伤现场处理

(1) 车站现场工作人员发现或接到受伤乘客求救时,须立即汇报当班值班站长(或站长),并疏散围观群众,安抚和救助受伤乘客,保护事故现场,寻找目击证人,劝留证人或留下证人联系方式。当班值班站长(或站长)担任临时应急处理负责人,应立即安排其他员工携带急救医药箱赶赴现场。

(2) 值班站长(或站长)在对伤者进行必要的现场急救的同时,应尽量对现场进行取证,询问当事人、证人了解事情经过,填写"客伤事件调查表",并由当事人、证人签字确认。如有必要,可采取录音、拍照、录像等方式进行记录。

(3) 若伤者伤势较轻可以行走,可陪护伤者到车站会议室休息安抚或包扎上药,若伤者需要可协助拨打120急救电话。

(4) 若初步判断乘客受伤属于城市轨道交通责任时,车站应立即向有关部门、单位报告。伤者提出要求去医院检查时,车站可安排员工陪同伤者前往医院,伤者在医院所花费用,经请示同意后,由车站在"伤亡紧急处理经费"中垫付(伤者费用低于500元时,值班站长或站长可自行决定)。伤者提出索赔时,车站应配合相关部门人员与当事人协商处理。

四、伤亡紧急处理经费管理

(1) 为保证乘客出现伤亡时的及时抢救和快速处理,城市轨道交通公司应设置乘客伤亡紧急处理经费。

(2) 各站所配经费由车站站长负责处置,值班站长保管,并遵循公司规定管理和使用。

五、客伤的处理

1. 城市轨道交通员工发现客伤时的处理

城市轨道交通员工发现时,应立即报告行车调度员或就近的车站值班员、车厂调度员、列车司机,同时,立即报告城市轨道交通公安分局、驻站(厂)公安警务站执勤人员。

发生伤亡事故时,应报告如下内容:

(1) 事故发生时间(年、月、日、时、分)、地点(区间、百米标或站名等)。

(2) 列车车次、列车号。

(3) 事故伤亡人数、姓名、性别、受伤情况、所采取的抢救措施、送往的医院,陪同人姓名、单位、职务(工种)等。

(4) 报告人姓名、所在部门(工种)。

(5) 其他需要说明的内容。若情况紧急可先报告上述部分内容,受理报告部门的人员应详细记录、迅速上报。

(6) 凡发生地外伤亡事故,应立即采取紧急措施进行处理,及时抢救伤员、尽量减少损失,尽力获取证据,尽快恢复运营。如属列车或调车碰轧所致,司机应立即停车;其他有关人员要立即显示停车信号。

2. 车站发生地外人员伤亡事故现场的处理

(1) 值班站长或站长担任事故处理主任,应立即安排城市轨道交通员工赶赴现场,报告城市轨道交通公安分局驻站公安人员,及时封锁站台,疏散围观群众,保护事故现场。

(2) 值班站长或站长组织对事故现场作好标识和记录。对伤者进行必要的现场急救,将伤者送往医院救治。必要时,安排一名车站员工协助公安人员,陪同伤者前往医院。初步判断属于城市轨道交通责任时,住院需交纳的押金由车站在保险应急基金中垫付。

(3) 对于死亡者,须由城市轨道交通公安部门认定,尸体由车站护卫人员在车站员工的协助下,按照公安部门的要求移出线路,尽快出清线路。在公安人员到达之前,站务人员应对死亡者现场做好现场保护,劝留证人。

(4) 凡发生经初步判定属城市轨道交通责任的地外伤亡事故,车站要及时通知负责乘客保险的保险公司员工赶赴现场(或所送医院),车站的员工待保险公司员工到达后,将有关单据移交给保险公司的工作人员处理。

发生地外人员伤亡时,站务人员须挽留事故现场证人,并及时报告公安机关处理。涉及刑事案件的,站务人员协助公安人员全力缉捕作案嫌疑人员。在对伤亡事故进行上报和处理的同时,应尽快通知伤亡者家属。

附:

1. 事件经过记录表(当事人)

事件经过记录表(当事人)

事发时间: 　年　　月　　日　　　事发地点:

当事人姓名:_____　性别:_____　年龄:_____

身份证号码:_____

联系电话:_____

家庭地址:_____

事件经过记录方式:自写(　　),口述授权他人代写(　　)

_____
_____
_____
_____
_____

签名:_____　(手印)_____　安保部:_____

2. 事件经过记录表(工作人员)

事件经过记录表(工作人员)

事发时间:　　年　　月　　日　　　事发地点:

姓名:_____　当班岗位:_____

事件经过记录:_____

_____
_____
_____
_____

签名:_____　安保部:_____

3. 事件经过记录表(目击证人)

事件经过记录表(目击证人)

事发时间： 年 月 日 事发地点：

当事人姓名：_____ 性别：_____ 年龄：_____

身份证号码：_____

联系电话：_____

家庭地址：_____

事件经过记录：_____

_____

_____

_____

签名：_____ 安保部：_____

4. 备用金使用表

备用金使用表如表6.6所示。

表6.6 备用金使用表

时间		事发车站	
使用种类		借支金额	
现金管理人		金额大写	
值班站长		目击证人	
事故简述			
车站负责人			
站务中心负责人			
安全保卫部负责人			
运营分管安全领导			

注：1. 使用种类一栏，需注明是证人交通费补偿或抢险应急基金；
  2. 使用证人交通费补偿时，必须有目击证人签收。

5. 协议书

协议书

（姓名）＿＿＿＿，（性别）＿＿＿＿，＿＿＿＿岁，于＿＿年＿＿月＿＿日＿＿时＿＿分，乘坐××城市轨道交通，在＿＿＿＿站，因＿＿。

经双方协商一次性处理，共计支付费用（人民币）＿＿＿＿元。

此协议不违背有关法律规定，符合《民法通则》自愿合法原则，自双方在协议上签名或按手印后，即对双方产生约束力。

此事到此了结，以后双方无涉。

当事人（或家属代表）：＿＿＿＿　　　　城市轨道交通方经办人：＿＿＿＿

（手印）＿＿＿＿　　　　　　　　　　　身份证号：＿＿＿＿＿＿＿＿＿＿

＿＿年＿＿月＿＿日

6. 客伤事故报告表

表6.7　客伤事故报告表　　　　站，编号：

时　间	年　　月　　日　　时　　分	
地　点	厅，电扶梯，闸机	
伤　者	姓名：　　性别：　　年龄：　　姓名：　　性别：　　年龄： 姓名：　　性别：　　年龄：　　同行人情况：	
联系方式	家庭住址： 宅电：	姓名： 手机：
证人情况	姓名：　　性别：　　年龄： 家庭地址：	证件号： 联系方式：
伤害程度	部位，伤口长度约（　　）厘米 部位	
事故简述		
初期治疗	部位，缝针， CT（　），X光片（　） 其他	医院结论： 初期支出费用：　　　　元
确　认	站长签名：	安保部：

案例分析

事件概况:2002年9月9日上午10时左右,乘客李某在某站台上车时,由于被后面乘客推挤,不慎手扶车门,造成右手小指皮拉伤,后经某医院诊断为皮伤,缝合9针,未骨折。

原因分析:乘客手指被夹伤,是由于其他乘客推拉所致,并且当时车站运营情况正常,各类设备未发生故障。因此,此事件的责任不在城市轨道交通运营单位。

处理措施:

(1) 在确认此客伤事件属于意外的前提下,与乘客进行协商,给予其适当经济补偿。

(2) 签订客伤处理协议,约定补偿后双方不再在经济等各方面发生任何关系。

模拟实验

请同学分组(5人一组)讨论,分别扮演值班站长、站台、站厅、客服中心岗等角色,研讨事件处理经过,并填写演练表。

情景一:在客流高峰时,由于过于拥挤,有位乘客的手被夹伤,应如何处理?

情景二:在站台发生乘客打架事件,应如何处理?

情景三:在站台服务中,发现有一位醉酒乘客倚靠在屏蔽门上,应如何处理?

情景四:在站厅服务中,发现有一位醉酒乘客买了车票要进站乘车,应如何处理?

日 期	年 月 日	时 间	时 分
参与者			
	姓 名		扮演角色
1			
2			
3			
4			
5			
演练情景			

思考练习

1. 什么叫客伤?
2. 简述乘客投诉处理的原则?
3. 什么叫轻微客伤?
4. 当客伤事件发生时,车站工作人员要做什么?
5. 客伤发生时,怎样与伤者进行沟通(询问、引导)?

6. 客伤发生后,现场处理要注意哪些情况?

任务八　乘客遗失物品的处置

知 识 要 点

1. 乘客遗失物品处理工作流程;
2. 乘客遗失物品的认领、保管流程及奖惩制度。

任 务 目 标

1. 掌握在乘客遗失物品处理中各岗位的工作流程;
2. 掌握乘客遗失物品的认领程序以及保管制度。

一、遗失物品

遗失物品,是指电客车司机、车站站务人员、其他工作人员及乘客转交的在城市轨道交通运营场所拾到的或他人遗留的各类有形和有价的物品。

二、各岗位职责

(1) 车站对失物实行专人管理,车站客运值班员负责本站遗失物品的登记、保管、认领、移交;

(2) 遗失物品的清点、检查、登记、认领应由双人(客运值班员以上人员)同时进行;

(3) 车站值班站长负责其所辖车站内遗失物品的核实、保管、招领、上缴等工作;

(4) 电客车司机负责客车内遗失物品的收集,为便于失主领取,在运营中拾到的遗留物品,交就近车站,进基地后在客车内拾到的遗留物品交当班的司机派班员,并做好遗失物品交接登记等工作;

(5) 安保部负责其车站上交遗失物品的登记、贵重物品的保管、现金上缴分公司财务部等工作。

三、遗失物品处理规定

(1) 食品与易腐物品:有包装食品保管期限为 72 小时,如无人认领,由车站自行处理;无包装食品及易腐物品(如肉类、蔬菜等),保管到当天车站关站时由车站自行处理。

(2) 贵重物品(如珠宝、首饰、手机、手提电脑、照相机等)价值在 5000 元以内及现金(5000 元以内),由车站值班站长保管,期限七天,如无人认领,交安保部再招领,期限 30 天;超过价值 5000 元的贵重物品及现金应立即上交安保部,车站移交遗失物品及现金给安保部时应手续清楚,账目相符。

(3) 如有"特快专递""挂号""机密""绝密"等字样或未付邮资的信(文)件、图纸、重要证件、军用物品(包括枪支、弹药)、违禁物品以及其他危险物品,立即通知安保部,在"车站遗失物品登记本"上登记后立即交车站城市轨道交通公安签收处理;未拆开而贴有邮票无邮戳函件必须代为投寄。

(4)有邮资的未投寄信件,由当班值班站长或指定人员代投寄,并由经办人在《车站遗失物品登记本》上签收确认。

(5)其他所有邮件均作为普通失物,由车站保管一个月,如无人认领,交由安保部再招领,期限三个月,遗失物品移交安保部时应手续清楚,账目相符。

四、遗失物品处理工作流程

1. 一般失物处理流程

(1)遗失物品由车站当班行车值班员与拾获人共同清点后,在"车站遗失物品登记本"上登记,写明现金数额,物品的名称、数量、详细特征以及拾获的时间、地点和拾获人姓名,登记完毕,行车值班员根据登记内容填写"车站遗失物品登记单",一式三份(一份交拾物人,一份交安保部,一份留存备查);

(2)车站应及时将失物情况公布于众(如站厅层出入口的告示牌内),以便失者认领,公布保留期为三天,但不得写明拾物具体名称和数量。

(3)有失主联系资料的,先通知失主到车站认领失物,务必及时将遗失物品具体资料电告服务热线,以备乘客查询;

(4)在规定处理期限内如无失主认领失物,车站按规定将遗失物品交安保部,并办理签收手续;

(5)安保部对普通遗失物品保管期限一般为三个月,如无人认领,做无主失物处理,每季末25号,将乘客的失物填报清单,由办公室牵头,会同财务部进行处理,有价物品折价后将钱款交财务部,无价物品做销毁处理。

(6)安保部对贵重物品保管期为半年(保值物品不超过一年),超过期限仍无人认领,做无主失物处理,由办公室牵头,会同财务部进行处理,有价物品,折价后将钱款交财务部。

2. 特殊失物处理流程

信(文)件、现金、危险品、违禁品和易腐物品等属于特殊失物,按以下程序处理。

(1)信(文)件:

① 有"特快专递"、"挂号"、"机密"、"绝密"等字样或未付邮资的信(文)件,填写"车站失物处理登记单"后立即交站内城市轨道交通公安签收处理;

② 已付邮资的一般信件由车站代为投寄;

③ 其他信(文)件按一般失物处理。

(2)现金及其他有价票据:

① 2000元(各运营公司规定不同)以内现金由车站当班值班站长与车站当班客运值班员双人核实,填写"车站失物处理登记单"后装入信封密封,并加盖个人私章后妥善保管。当日无人认领时,随"车站失物处理登记单"移交失物处理中心。

② 对现金总额在2000元以上及有价票据总额在2000元以上的,车站应要求城市轨道交通公安介入协助,在填写"车站失物处理登记单"后移交城市轨道交通公安签收处理。

(3)危险品及违禁品:发现枪支、弹药、汽油、硫酸等易燃、易爆、易腐蚀、剧毒物品时,车站人员在填写"车站失物处理登记单"后立即移交城市轨道交通公安签收处理。

(4) 食品与易腐物品：

① 食品与易腐物品不移交失物处理中心，可由车站自行处理；

② 有包装的食品保管期限为 72 小时，如无人认领由车站自行处理；

③ 无包装的食品及易腐物品（如肉类、蔬菜等），保管到当天关站时由车站自行处理。

五、遗失物品认领流程

1．一般失物认领流程

(1) 由认领人提供失物的名称、遗失地点、遗失时间；

(2) 请认领人提供两项以上最能表现失物特征的证明，如特征相符，则由当时负责人及以上人员至少两位工作人员共同确认并办理认领手续；

(3) 认领人须凭本人身份证或其他有效身份证明办理领取手续，认领时要求认领人如实填写相关资料，并由双方在失物登记本上签名确认；

(4) 各车站只办理当天失物的认领，其认领手续按相关规定办理；

(5) 车站失物当天若无人认领，应由当班客运值班员会同本站当班值班站长确认登记后交失物处理中心。

2．现金的认领流程及要求

(1) 车站拾得现金后，能及时找到失主的，按上述规定办理认领手续。其他情况下，现金的认领一律在乘客失物处理中心办理。

(2) 乘客认领现金时，确认认领人身份后方可办理认领手续，双方在失物登记本上做好登记签收后，及时与失主办理交接。

(3) 认领现金时，失物登记本认领事项中的证明人必须是车站站长或车站当班值班站长签名方为有效，其中 500 元以上、2000 元以内（各运营公司规定不同）的现金认领，其证明人必须是车站站长。

(4) 失物处理中心在办理 500 元以上、2000 元以内的现金认领时，必须对"车站失物处理登记单"第二联进行复印备查。

六、失物存放及保管

(1) 失物处理中心必须对接收到的失物建立电脑台账，并对失物进行分类存放。

(2) 贵重物品，如钱包、手机、首饰、有价票据、现金存款单等，必须存放于保险柜内。其他物品，如雨伞、文件、证件等，可存放于储物架或文件柜内。

(3) 失物处理中心工作人员每季度必须对存放失物进行清理、造册，并按有关规定进行处理。

七、无人认领失物处理

失物在处理中心保管时间超过三个月的，按无人认领失物办理。

(1) 对于无人认领的城市轨道交通车票、现金，每月统计一次上交有关部门进行处理。共同交接时，通知相关负责人到现场监督双方交接。

(2) 对于无人认领的银行磁卡，交还给发卡银行进行处理，银行不受理时由失物处理中心所在车站站长或值班站长及一名车站工作人员,将银行磁卡剪去一角后交由车站保洁处理,但应通知相关负责人在场监督处理过程。

(3) 对于无人认领的普通证件、普通文件每半年清理一次,由处理中心所在车站站长或值班站长及一名车站工作人员清理后交由车站保洁处理,但此过程必须有人监督其处理。

(4) 其他无人认领失物每半年清理一次,由失物处理中心统一造册,由相关负责人联系民政局或可接受捐赠部门进行处理。失物处理中心在交接无人认领失物时,相关负责人须在场监督。

八、遗失物品的奖惩

(1) 对拾金不昧的个人,在遗失物品折价处理后,可按拾获财物价值的百分之十的金额给予奖励,并给予通报表扬;

(2) 冒领、挪用、侵吞、损毁遗失物品的,除返还原物或赔偿经济损失外,视情节严重程度,给予不同类别的处分、处罚;

(3) 登记遗失物品的一切费用应专款专用,不得挪作他用。

模 拟 实 验

安排学生分角色扮演乘客与车站工作人员,按照乘客失物处理的原则模拟演练乘客失物处理的流程,并针对演练过程中所涉及的问题进行小组讨论分析并提出解决方法。

思 考 练 习

1. 当城市轨道交通内发生乘客遗失物品时,各岗位的职责以及处理流程包括哪些内容?

2. 简述遗失物品处理规定。

项目七 城市轨道交通车站突发事件应急处理办法

任务一 突发事件处理概述

知 识 要 点

1. 车站突发事件的通报原则、内容及流程；
2. 车站突发事件的处理原则；
3. 信息通报的内容及流程。

任 务 目 标

1. 掌握车站突发事件的通报原则、内容及流程；
2. 掌握车站突发事件的处理原则；
3. 掌握信息通报的内容及流程。

一、突发事件的通报原则、内容及流程

突发公共事件信息通报应遵循迅速、准确、完整的原则,任何员工发现或接到突发公共事件信息,均应立即执行规定的通报流程,不得延误、中断或缺漏。

在进行突发公共事件信息通报时,一般应包括如下内容:

(1) 报告人的姓名、职务、单位；
(2) 事件发生的类别、时间、地点；
(3) 事件发生的概况、原因(若能初步判断)及影响运营程度；
(4) 人员伤亡情况、设施设备损坏情况；
(5) 已采取的措施；
(6) 任何需要的援助(包括救援、救护、支援)；
(7) 其他必须说明的内容及要求。

城市轨道交通运营场所发生突发事件时,员工发现后应立即报告,以便各有关方面积极采取措施,高效调动城市轨道交通公司有利资源,确保能有效控制事件的发展态势,将损失降到最低限度。因此,城市轨道交通公司内部必须建立起一套行之有效的信息通报流

程。一般来说,城市轨道交通的信息通报遵循这样一个流程:突发公共事件现场控制中心应急处理专业机构和外部支援,具体通报流程如图7.1所示。

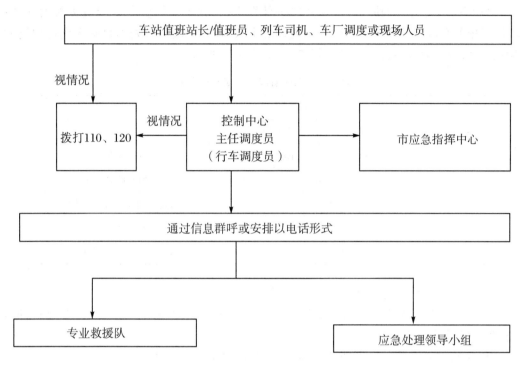

图 7.1 城市轨道交通突发事件信息通报流程

若在进行信息通报时发生立即需要外部支援的突发事件(如火灾、爆炸、人员伤亡、治安/刑事案件等),应坚持就近迅速通报的原则,即:

如突发事件发生在车站或车厂,现场人员有条件时应立即致电110报警中心或120急救中心;车厂调度或车站值班站长/行车值班员接报后(车厂、车站其他值班人员接报也应问清并立即转报车厂调度或车站值班站长/行车值班员)应问清现场报告人员是否已经致电110报警中心或120急救中心,若无,应立即致电报告;若有,亦应致电复核。

如突发事件发生在区间,行车调度员接到现场报告或设备监控报警后,由行车调度员或主任调度员致电110报警中心或120急救中心。如突发事件发生在列车上,司机(接到现场人员报告后)立即报告行车调度员,由行车调度员或主任调度致电110报警中心或120急救中心。

控制中心所通知的外部支援是指城市轨道交通公安分局、公交公司、交通局、该市应急指挥中心、该市市防委员会办公室(地震局)等以及该市有关防灾抗震和紧急事务的政府组织机构等,具体由主任调度员决定通知范围。

各专业救援队接到突发事件通报后,应按照本专业部门内部先前制定的通报流程分别向本部门相关人员进行通报。

二、车站突发事件的处理原则

城市轨道交通突发公共事件的处理一般应遵循如下原则:
(1)坚持高度集中、统一指挥、逐级负责的原则。

(2) 坚持"先救人，后救物；先全面，后局部"的原则，优先组织人员疏散、伤员抢救，同时兼顾重点设备和环境的保护，将损失降至最低限度。

(3) 坚持就近处理的原则：突发公共事件发生时，在上一级应急处理负责人到达现场前，员工按下表规定担任现场临时应急处理负责人；在上一级应急处理负责人到达现场后，则由上一级应急处理负责人担任现场指挥，如表7.1所示。

表 7.1 应急指挥现场临时负责人

序号	发生处所	现场临时负责人
1	列车上（列车在区间）	本列司机
2	列车上（列车在车站）	所在站当班值班站长
3	车站	所在站当班值班站长
4	区间线路上	行车调度员指定的值班站长
5	车厂	当班车厂调度员
6	其他场所	现场职务最高的员工

(4) 员工要反应迅速，做到早发现、早报告、早控制。

(5) 员工在突发公共事件应急处理过程中应兼顾现场的保护工作，以利于公安、消防和事件调查部门的现场取证。

(6) 坚持对外宣传归口管理的原则，不得擅自发布相关信息。

模 拟 实 验

安排学生分角色扮演乘客与车站工作人员，按照突发事件处理的原则模拟演练突发事件处理的流程，并针对演练过程中所涉及的问题进行小组讨论分析并提出解决方法。

思 考 练 习

1. 突发事件的处理流程包括哪几个方面？
2. 简述车站突发事件的通报原则。
3. 简述车站突发事件的通报内容。
4. 简述车站突发事件的通报流程。
5. 简述城市轨道交通突发事件处理的原则。

任务二 各种突发事件处理

知 识 要 点

1. 各类突发事件的处理流程；
2. 各类突发事件中各岗位的职责。

任 务 目 标

1. 掌握各类突发事件的处理流程；
2. 能够根据不同的突发事件做出应变处理。

一、电梯困人

1. 关键行动指引

关键行动指引如表7.2所示。

表7.2 关键行动指引

	行动指引
关键行动指引	1. 发现或接报后,迅速派人到现场,在维修人员到达前尽量安抚乘客(站务人员不可自行打开维修盖板、轿厢门等),稳定乘客情绪
	2. 立即报告电梯厂家及运营单位、设备维修单位

2. 一般处理流程

（1）车站接到被困电梯乘客求助后,立即派人前往现场安抚乘客,并疏散围观乘客,同时向维修部门、电梯厂家报告；

（2）将情况报告行调、站长等有关人员；

（3）到达现场后在事发垂直电梯前设置停用标识和隔离带；

（4）维修人员到达现场后,车站派人协助其工作；

（5）待乘客救出后,与维修人员确认电梯状态,决定是否开启,并向行调汇报具体情况；

（6）如乘客受伤,则按客伤流程处理。

3. 站务员岗位(一般厅巡)行动指引

厅巡行动指引如表7.3所示。

表7.3 厅巡行动指引

事件	职责
电梯困人	1. 立即前往现场协助值班站长安抚乘客,疏散围观乘客,在垂直电梯前设置停用标识和隔离带
	2. 维修人员到达后,协助其工作
	3. 如乘客受伤,则按客伤流程处理

二、水浸出入口

1. 关键行动指引

关键行动指引如表 7.4 所示。

表 7.4　关键行动指引

	行动指引
关键行动指引	1. 暴雨期间,各岗位应加强巡视,发现情况及时汇报
	2. 发现车站出入口水浸,应及时设置防洪设施,并根据车站周边地形、历史最高水位、以往车站水害情况准备足够数量的防水沙袋,防止雨水涌入站内

2. 一般处理流程

(1) 加强车站出入口巡视,发现出入口外积水比较严重时,应立即报告行调及有关部门;

(2) 增加相关警示牌,组织保洁员工进行积水清扫,组织人员搬运沙袋,必要时设置防洪设施;

(3) 视情况关闭相应出入口、电扶梯、垂直电梯等设备设施,设置多级防洪设施;

(4) 当出入口水浸得到彻底消除后,组织员工恢复正常工作。

3. 站务员岗位行动指引

站务员岗位行动指引如表 7.5 所示。

表 7.5　站务员岗位行动指引

事件	职责
水浸出入口	1. 按要求到该出入口查看,设置"小心地滑"告示警示牌或隔离带、防护栏等,提醒乘客注意安全,将情况报告车控室或值班站长
	2. 如有需要,根据安排协助搬运防水沙袋等防洪物品,设置防洪设施,防止雨水涌入站内
	3. 视情况停止该出入口自动扶梯、垂直电梯等设备设施的运行;如有需要,协助关闭相应出入口并张贴告示牌
	4. 加强巡视,如水将涌入车站,报告值班站长,并做好防淹排水工作
	5. 出入口关闭后,引导乘客由别的出入口出站
	6. 配合维修部门进行排水
	7. 水退后,协助撤除防淹设施及告示牌,开启相应出入口

三、乘客按下列车上乘客紧急通信装置

（1）列车一般每节车厢上装有 3 个乘客紧急通信装置（Passengers Emergency Communications Unit，PECU），车型不同，PECU 安装在车上的位置也不同。有的列车的 PECU 安装在每节车厢的 5/7、10/12、17/19 车门上，当乘客按下时可通过此装置与司机进行通话，在复位前，当其他乘客需要与司机通话时，按下其他 PECU 将无法直接与司机进行通话。此时，一般需要车站员工到列车上进行 PECU 复位，复位时使用专用钥匙（方棒钥匙）插入右转即可。

有的列车的 PECU 安装在每节车厢的 6/8、9/11、18/20 车门内侧，均不需站务人员复位，司机直接在司机室进行操作。

当按下面板上的圆形红色按钮时，"呼叫"指示灯闪烁，此时若司机进行应答，则"呼叫"指示灯转为常亮。"讲"指示灯将打开，此时乘客可以与司机进行通话。当司机进行讲话时，"听"指示灯将亮起，"讲"指示灯熄灭。当司机终止呼叫后，三个指示灯都灭灯。

（2）站台工作人员行动指引如表 7.6 所示。

表 7.6 站台工作人员行动指引

事　件	职　责
乘客按下列车上乘客紧急通信装置（PECU）	1. 待列车到站后或列车启动前，接到车站控制室要求对 PECU 进行复位的通知后，询问清楚需复位的 PECU 的具体位置，上车找到相应的位置后迅速使用专用钥匙进行恢复
	2. 处理完毕，在站台向司机显示"好了"信号，并报告车控室

四、乘客拉下车门紧急解锁手柄

城市轨道交通列车车厢里的车门紧急解锁手柄被拉下或被扭动解锁时，需对其进行复位后列车才能正常开出，否则将造成列车延误。

每节车厢有 10 个车门紧急解锁手柄，位于每个车门的左侧立柱处（客室内面对车门），在紧急情况下，当列车已停在车站，并且车门已对应站台位置，需要乘客自行疏散时使用。车门紧急解锁手柄复位时，长客一期车型需使用方型专门钥匙进行复位，将专用钥匙插入右转即可；株洲车型及长客二期车型只需将旋钮向相反方向扭动，门即可关闭。

一般地，若列车在车站动车前，紧急解锁手柄被拉下或被扭动，车厢车门紧急解锁手柄复位由司机负责。

1. 关键行动指引

关键行动指引如表 7.7 所示。

表 7.7　关键行动指引

	行动指引
关键行动指引	1. 如紧急解锁手柄被拉下或被扭动时,必须询问清楚被拉下或被扭动紧急解锁手柄的列车车厢位置,然后到达相应位置协助司机对车门紧急解锁手柄复位
	2. 复位结束后,回到站台确认安全后及时显示"好了"信号,以便尽快发车

2. 站务员岗位行动指引

站台工作人员行动指引如表 7.8 所示。

表 7.8　站台工作人员行动指引

事　件	职　责
乘客拉下车门紧急解锁手柄	1. 待列车到站后或列车启动前,接到车站控制室紧急解锁手柄被拉下或被扭动的通知后,询问清楚被拉下或被扭动紧急解锁手柄的具体位置,找到后协助司机处理
	2. 处理完毕后,在站台向司机显示"好了"信号,并报告车控室

五、全站停电

城市轨道交通车站全站停电后,有关设备后备电力维持能力一般为(各个城市轨道交通不尽相同):事故照明能维持 1 个小时;EMCS、SCADA、FAS 系统能维持 0.5 小时;AFC 系统能维持 0.5 小时(其中闸机为 15 分钟,15 分钟后自动转换为常开状态);通信能维持 2 小时;信号能维持 1 小时;屏蔽门能维持开关门 3 次。

1. 关键行动指引

关键行动指引如表 7.9 所示。

表 7.9　关键行动指引

	行动指引
关键行动指引	1. 处理车站停电事件最重要的原则是在后备电力供应能力内将所有乘客安全疏散出站
	2. 车站停电后确认电梯是否有人被困
	3. 全站停电后,应关闭车站(出入口只出不进)

2. 一般处理流程

(1) 全站停电后,立即报告行调和相关部门、站长,并派人到出入口张贴告示,关闭车

站出入口(乘客只出不进);

(2) 如有列车停靠车站,广播注意事项,并派人拿应急灯到站台引导乘客上下车;

(3) 接到行调疏散命令后,通知车站员工停止车站服务,打开全部闸机和员工通道,执行车站疏散程序。

3. 站务员岗位行动指引

在值班站长或值班员的安排下:

(1) 厅巡行动指引如表 7.10 所示。

表 7.10　厅巡行动指引

事　件	厅巡职责
全站停电	1. 打开员工通道门,拿手电筒或应急灯、手提广播到站台协助乘客上、下车,确保安全;或在站厅维持秩序,引导乘客疏散,并做好乘客解释、安抚工作
	2. 乘客疏散完毕后,关闭相应出入口(紧急出入口除外)
	3. 修复正常供电后,恢复岗位正常工作

(2) 售票员行动指引如表 7.11 所示。

表 7.11　售票员行动指引

事　件	售票员职责
全站停电	1. 锁好票款,停止售票兑零,在站台负责相关区域乘客的疏散
	2. 乘客疏散完毕后,关闭相应出入口(紧急出入口除外)
	3. 修复正常供电后,恢复岗位正常工作

六、火灾

火灾中人员的伤亡,80%以上是由于窒息或被有毒烟熏致死。逃离烟雾区时,要尽量低头弯腰快速地前进,弯腰前进时,要使头部保持在距地面 60 cm 以下。由于城市轨道交通地下车站比较密封,一旦发生火灾,后果非常严重。发生火灾的原因可能是乘客携带易燃危险品引起的,也可能是恐怖分子所为。

根据火灾发生的地点不同,城市轨道交通火灾可以分为车站火灾和列车火灾。车站火灾因着火位置不同,又可分为站台火灾、站厅火灾、设备区火灾;列车火灾因着火部位不同,又可分为列车头部火灾、列车中部火灾、列车尾部火灾;根据事发列车所在位置,列车火灾还可分为列车在车站站台发生火灾(也称列车因火灾停在站台)和列车在区间发生火灾(也称列车隧道火灾或列车因火灾停在区间)两种情况。列车因火灾停在站台按站台火灾程序处理。

发生火灾时应按如下关键指引进行火灾处理:

(1) 保障乘客和员工的人身安全;

(2) 迅速通报;

(3) 在保证员工自身安全情况下尝试灭火;

(4) 必要时协助关停电扶梯、垂直电梯。

下面分别就站台火灾、站厅火灾、设备区火灾、隧道火灾、列车隧道火灾的一般处理流程和站务员岗位行动阐述如下。

1. 站台火灾

(1) 一般处理流程：

① 通过火灾报警系统(FAS)监控到站台火灾报警或接到站台发生火灾的报告后，派人到现场确认是否发生火灾，如属误报，初步查明原因并报行车调度员和环控调度员。

② 如现场确认发生火灾，应立即致电110报警中心和行车调度员，视情况致电120急救中心、城市轨道交通公安。

③ 按车站疏散流程紧急疏散车站范围内的乘客和相关人员，广播通知乘客、设备区施工和巡检人员、银行和商铺工作人员等迅速离开车站（注意不要引起乘客恐慌），协助有困难的乘客离开危险区域并做好疏散指引导向工作。

④ 启动车站站台火灾排烟模式。

⑤ 需要时设置事故处理中心，值班站长担任临时应急处理负责人，负责各单位之间协调。站长接到报告后，立即到站接替值班站长负责指挥处理。应急处理小组负责人到达后，由其担任应急处理负责人。

⑥ 乘客疏散完毕后，关闭车站出入口（紧急出入口除外）并张贴告示。

⑦ 如火势很大应组织员工从车站撤离，到紧急出入口集中，并做好消防人员进入灭火现场的导向标识，引导消防人员到现场灭火。

⑧ 消防人员到场后，车站汇报有关情况，将灭火工作交给消防人员，同时做好应急处理救援配合工作。

⑨ 在接到可以恢复运营的指令后，清理现场，恢复运营。

⑩ 协助事故调查工作。

(2) 站务员岗位行动：

① 厅巡行动指引如表7.12所示。

表7.12 厅巡行动指引

事件	厅巡职责
站台火灾	1. 接到火灾情况报告后，根据值班站长的安排，到现场确认是否发生火灾
	2. 当火势较大，员工无法现场立即扑火时，值班站长要求执行车站疏散程序，开启员工通道门，在车站站厅做好相关区域的乘客疏散工作，或根据值班站长的安排到车站站台进行乘客疏散，协助有困难的乘客离开危险区域，并做好疏散引导工作
	3. 根据值班站长的安排到车站紧急出入口接应和引导消防人员等外部支援人员进入车站
	4. 乘客疏散完毕后，根据要求关闭车站出入口（紧急出入口除外）并张贴告示
	5. 如火势很大，则按要求撤离到紧急集合地点集中，并协助值班站长做好消防人员进入现场灭火的导向指引，以便引导消防人员到现场灭火
	6. 消防人员等外部支援人员到场后，在值班站长的安排下，配合支援人员的工作
	7. 在接到值班站长可以恢复运营的指令后，协助清理现场，恢复本岗工作

② 票务员行动指引如表7.13所示。

2. 站厅火灾

(1) 一般处理流程：

① 通过火灾报警系统(FAS)监控到站厅火灾报警或接到站厅发生火灾的报告后，派人到现场确认是否发生火灾，如属误报，初步查明原因并报告行车调度员和环控调度员。

② 如现场确认发生火灾，应立即致电110报警中心和行车调度员，视情况致电120急救中心、城市轨道交通公安。

③ 按车站疏散流程紧急疏散车站范围内的乘客和相关人员，广播通知乘客、设备区施工和巡检人员、银行和商铺工作人员疏散(注意不要引起乘客恐慌)，协助有困难的乘客离开危险区域并做好疏散指引导向工作。

④ 启动车站站厅火灾排烟模式。

表7.13 票务员行动指引

事 件	票务员职责
站台火灾	1. 接到值班站长要求执行车站疏散流程的指令时，立即停止服务，锁好票款，开启员工通道门，到车站站厅相关区域进行乘客疏散工作，协助有困难的乘客离开危险区域，并做好疏散引导工作
	2. 听从值班站长的安排，必要时协助关停电扶梯、垂直电梯
	3. 乘客疏散完毕后，根据要求关闭车站出入口(紧急出入口除外)并张贴告示
	4. 如火势很大，则按要求撤离到紧急集合地点集中，并协助值班站长做好消防人员进入灭火现场的导向指引，以便引导消防人员到现场灭火
	5. 消防人员等外部支援人员到场后，在值班站长的安排下，配合支援人员的工作
	6. 在接到值班站长可以恢复运营的指令后，协助清理现场，恢复本岗工作

⑤ 需要时设置事故处理中心，值班站长担任临时应急处理负责人，负责各单位之间协调。站长接到报告后，立即到站接替值班站长负责指挥处理。应急处理小组负责人到达后，由其担任应急处理负责人。

⑥ 组织站台乘客疏散时，应组织站台乘客经楼扶梯到站厅安全区域(非着火区域)，如火势影响到整个站厅公共区，无法从站厅组织站台乘客疏散时，请求行车调度员安排空车疏散，并安排站务员或保安到站台与站厅之间通道阻拦乘客上站厅。

⑦ 乘客疏散完毕后，关闭车站出入口(紧急出入口除外)并张贴告示。

⑧ 如火势很大，则组织员工从车站撤离，到紧急出入口集中，并做好消防人员进入灭火现场的导向标识，引导消防人员到现场灭火。

⑨ 消防人员到场后，车站汇报有关情况，将灭火工作交给消防人员，同时做好应急处理救援配合工作。

⑩ 在接到可以恢复运营的指令后，清理现场，恢复运营。

⑪ 协助事故调查工作。

(2) 站务员岗位行动：

① 厅巡行动指引如表 7.14 所示。

表 7.14　厅巡行动指引

事件	厅巡职责
站厅火灾	1. 接到火灾情况报告后,根据值班站长的安排,到现场确认是否发生火灾
	2. 如确认现场未发生火灾,了解误报原因,并报告车站控制室。如确认现场发生火灾,向车控室报告有关情况,同时在保障自身安全的前提下尝试灭火
	3. 当火势较大,员工无法现场立即扑火时,值班站长要求执行车站疏散程序,开启员工通道门,在车站站厅做好相关区域的乘客疏散工作,或根据值班站长的安排到车站站台进行乘客疏散,协助有困难的乘客离开危险区域,并做好疏散引导工作
	4. 根据值班站长的安排到车站紧急出入口接应和引导消防人员等外部支援人员进入车站
	5. 如火势影响到整个站厅公共区,无法从站厅组织站台乘客疏散,根据安排到站台与站厅之间通道阻拦乘客上站厅,行车调度员安排的疏散用空车到达后,确认所有乘客上车后,乘车离开车站
	6. 乘客疏散完毕后,根据要求关闭车站出入口(紧急出入口除外)并张贴告示
	7. 如火势很大,则按要求撤离到紧急集合地点集中,并协助值班站长做好消防人员进入灭火现场的导向指引,以便引导消防人员到现场灭火
	8. 消防人员等外部支援人员到场后,在值班站长的安排下,配合支援人员的工作

② 售票员行动指引,如表 7.15 所示。

表 7.15　售票员行动指引

事件	售票员职责
站厅火灾	1. 接到值班站长要求执行车站疏散程序的指令时,立即停止服务,锁好票款,开启员工通道门,到车站站厅相关区域进行乘客疏散工作,协助有困难的乘客离开危险区域,并做好疏散指引导向工作
	2. 根据值班站长的安排,必要时协助关停电扶梯、垂直电梯
	3. 乘客疏散完毕后,根据要求关闭车站出入口(紧急出入口除外)并张贴告示
	4. 如火势很大,则按要求撤离到紧急集合地点集中
	5. 消防人员等外部支援人员到场后,在值班站长的安排下,配合支援人员的工作
	6. 在接到值班站长可以恢复运营的指令后,协助清理现场,恢复本岗位工作

3. 设备区火灾

(1) 一般处理流程:

① 通过火灾报警系统(FAS)监控到设备区火灾报警或接到设备发生火灾的报告后,派

人到现场确认是否发生火灾,如属误报,初步查明原因并报告行车调度员和环控调度员。

② 如现场确认发生火灾,对使用气体灭火系统保护房间的,立即启动气体灭火;对非使用气体灭火系统保护房间的,就地取用灭火器进行灭火。

③ 如因气体灭火系统失效或因火势较大车站无法控制和立即扑灭,应立即致电110报警中心和行车调度员,视情况致电120急救中心、城市轨道交通公安。并按车站疏散流程紧急疏散车站范围内的乘客和相关人员,广播通知乘客、设备区施工和巡检人员、银行和商铺工作人员等迅速离开车站(注意不要引起乘客恐慌),协助有困难的乘客离开危险区域并做好疏散引导工作。

④ 启动车站设备区火灾排烟模式。

⑤ 需要时设置事故处理中心,值班站长担任临时应急处理负责人,负责各单位之间的协调。站长接到报告后,立即到站接替值班站长负责指挥处理。应急处理领导小组负责人到达后,由其担任应急处理负责人。

⑥ 乘客疏散完毕后,关闭车站出入口(紧急出入口除外)并张贴告示。

⑦ 如火势很大,则组织员工从车站撤离,到紧急出入口集中,并做好消防人员进入灭火现场的导向标识,引导消防人员到现场灭火。

⑧ 消防人员到场后,车站汇报有关情况,将灭火工作交给消防人员,同时做好应急处理救援配合工作。

⑨ 在接到可以恢复运营的指令后,清理现场,恢复运营。

⑩ 协助事故调查工作。

(2) 站务员岗位行动:

① 厅巡行动指引如表7.16所示。

表7.16 厅巡行动指引

事 件	厅巡职责
设备区火灾	1. 接到火灾情况报告后,根据值班站长的安排,到现场确认是否发生火灾
	2. 如确认现场未发生火灾,了解误报原因,并报告车站控制室;如确认现场发生火灾,向车站控制室报告有关情况,同时在保障自身安全的前提下尝试灭火
	3. 当火势较大,员工无法现场立即扑灭时,按值班站长要求执行车站疏散流程,开启员工通道门,在车站站厅做好相关区域的乘客疏散工作,或根据值班站长的安排到车站站台进行乘客疏散,协助有困难的乘客离开危险区域,并做好疏散引导工作
	4. 根据值班站长的安排到车站出入口接应和引导消防人员等外部支援人员进入车站
	5. 乘客疏散完毕后,根据要求关闭车站出入口(紧急出入口除外)并张贴告示
	6. 如火势很大,则按要求撤离到紧急出入口集中,并协助值班站长做好消防人员进入灭火现场的导向引指,以便引导消防人员到现场灭火
	7. 消防人员等外部支援人员到场后,在值班站长的安排下,配合支援人员的工作
	8. 在接到值班站长可以恢复运营的指令后,协助清理现场,恢复本岗位工作

② 售票员行动指引如表 7.17 所示。

表 7.17 售票员行动指引

事 件	售票员职责
设备区火灾	1. 接到值班站长要求执行车站疏散流程的指令时,立即停止服务,锁好票款,开启员工通道门,到车站站厅相关区域进行乘客疏散工作,协助有困难的乘客离开危险区域,并做好疏散引导工作
	2. 听从值班站长的安排,必要时协助关停电扶梯、垂直电梯
	3. 乘客疏散完毕后,根据要求关闭车站出入口(紧急出入口除外)并张贴告示
	4. 如火势很大,则按要求撤离到紧急出入口集中,并协助值班站长做好消防人员进入灭火现场的导向指引,以便引导消防人员到现场灭火
	5. 消防人员等外部支援人员到场后,在值班站长的安排下,配合支援人员的工作
	6. 在接到值班站长可以恢复运营的指令后,协助清理现场,恢复本岗位工作

4. 隧道火灾

(1) 一般处理流程:

① 通过隧道光纤温度监测系统监控到隧道火灾报警或接到隧道发生火灾的报告后,报告行车调度员,根据行车调度员的安排,派人携带防毒面具和防护、通信工具到现场确认是否发生火灾,如属误报,初步查明原因并报告行车调度员和环控调度员。

② 如现场确认隧道发生火灾,并且火势较小,在做好个人防护的情况下,应立即利用隧道消火栓尝试灭火。如火势较大,无法很快扑灭,应立即报告行车调度员,并致电或由行车调度员致电 110 报警中心,同时撤离现场,视情况致电 120 急救中心、城市轨道交通公安。

③ 根据环控调度员的安排,启动车站隧道排烟模式。

④ 需要时设置事故处理中心,值班站长担任临时应急处理负责人,负责各单位之间的协调。站长接到报告后,立即到站接替值班站长负责指挥处理。应急处理领导小组负责人到达后,由其担任应急处理负责人。

⑤ 消防人员到场后,车站汇报有关情况,将灭火工作交给消防人员,同时做好应急处理救援配合工作。

⑥ 协助维护好车站乘客秩序,做好乘客解释工作。

⑦ 如隧道火势很大,需要车站疏散或清客,按疏散和清客流程执行。

⑧ 协助事故调查工作。

(2) 站务员岗位行动:

① 厅巡行动指引如表 7.18 所示。

表 7.18 厅巡行动指引

事 件	厅巡职责
隧道火灾	1. 接到火灾情况报告后,根据值班站长的安排,穿戴好个人防护用品,随同值班站长前往现场确认是否发生火灾
	2. 如确认现场未发生火灾,了解误报原因,并报告车站控制室;如确认现场发生火灾,并且火势较小,在做好个人防护的情况下,应立即和值班站长一起利用隧道消火栓尝试灭火。如火势较大,无法很快扑灭,应听从值班站长的指挥,迅速撤离现场
	3. 协助维护好车站乘客秩序,做好乘客解释工作
	4. 根据值班站长的安排到车站紧急出入口接应和引导消防人员等外部支援人员的到来
	5. 如隧道火势很大,需要车站疏散或清客,按疏散和清客流程执行本岗位行动
	6. 消防人员等外部支援人员到场后,在值班站长的安排下,配合支援人员的工作

② 售票员行动指引如表 7.19 所示。

表 7.19 售票员行动指引

事 件	售票员职责
隧道火灾	1. 做好乘客解释工作,需要时,给乘客办理退票手续
	2. 如隧道火势很大,需要车站疏散或清客,按疏散和清客的流程执行本岗位行动

5. 列车因火灾停在隧道

(1) 一般处理流程:

① 接到行车调度员列车发生火灾并停在区间隧道需要隧道疏散的通知后,立即执行车站疏散流程。

② 跟行车调度员复核确认致电 110 报警中心,视情况致电 120 急救中心、城市轨道交通公安。

③ 广播通知乘客、设备区施工和巡检人员、银行和商铺工作人员等迅速离开车站(注意不要引起乘客恐慌),协助有困难的乘客离开车站并做好疏散引导工作。

④ 开启隧道灯,必要时根据环控调度员的安排,启动列车隧道火灾排烟模式。

⑤ 根据行车调度员的安排,在确认员工做好个人防护的前提下,安排员工进入隧道,引导乘客往车站方向疏散,乘客疏散到车站后组织往站外疏散。隧道疏散过程中如遇到疏散线路上有通往邻线的通道,应在该处派人引导,防止乘客误入邻线。

⑥ 需要时设置事故处理中心,值班站长担任临时应急处理负责人,负责各单位之间的协调。站长接到报告后,立即到站接替值班站长负责指挥处理。应急处理领导小组负责人到达后,由其担任应急处理负责人。

⑦ 隧道列车及车站乘客疏散完毕后,关闭车站出入口(紧急出入口除外)并张贴告示。

⑧ 消防人员到场后,车站汇报有关情况,将灭火工作交给消防人员,同时做好应急处理救援配合工作。

⑨ 在接到可以恢复运营的指令后,清理现场,恢复运营。

⑩ 协助事故调查工作。

(2) 站务员岗位行动:

① 厅巡行动指引如表 7.20 所示。

表 7.20　厅巡行动指引

事　件	厅巡职责
列车因火灾停在隧道	1. 根据值班站长的安排,穿戴好防护用品并和值班站长前往隧道列车位置进行隧道乘客疏散或在车站组织乘客疏散
	2. 如在车站执行车站疏散流程,开启员工通道门,在车站站厅做好相关区域的乘客疏散工作,或根据安排到车站站台进行乘客疏散,协助有困难的乘客离开危险区域,并做好疏散指引导向工作;或根据安排到车站出入口接应和引导消防人员等外部支援人员的到来
	3. 如安排进入隧道组织乘客疏散,隧道疏散过程中如遇到疏散线路上有通往邻线的通道,应在该处派人引导,防止乘客误入邻线
	4. 乘客疏散完毕后,根据要求关闭车站出入口(紧急出入口除外)并张贴告示
	5. 消防人员等外部支援人员到场后,在值班站长的安排下,配合支援人员的工作
	6. 在接到值班站长可以恢复运营的指令后,协助清理现场,恢复本岗位工作

② 售票员行动指引如表 7.21 所示:

表 7.21　售票员行动指引

事　件	售票员职责
列车因火灾停在隧道	1. 接到值班站长要求执行车站疏散流程的指令时,立即停止服务,锁好票款,开启员工通道门,到车站站厅相关区域进行乘客疏散工作,协助有困难的乘客离开危险区域,并做好疏散指引导向工作
	2. 根据值班站长的安排,到车站出入口接应和引导消防人员等外部支援人员的到来
	3. 乘客疏散完毕后,根据要求关闭车站出入口(紧急出入口除外)并张贴告示
	4. 如火势很大,则按要求撤离到紧急出入口集中,并协助值班站长做好消防人员进入灭火现场的导向指引,以便引导消防人员到现场灭火
	5. 消防人员等外部支援人员到场后,在值班站长的安排下,配合支援人员的工作
	6. 在接到值班站长可以恢复运营的指令后,协助清理现场,恢复本岗位工作

七、恶劣天气(台风)

1. 关键行动指引

关键行动指引如表7.22所示。

表7.22 关键行动指引

	行动指引
关键行动指引	1. 加强巡视,重点检查暴露地面的设备、设施加固情况,发现情况及时处理
	2. 准备好防护备品,提前做好防洪准备
	3. 发现异常及时通报

2. 一般处理流程

(1) 当班负责人(值班站长)组织员工加强车站的巡视,注意检查暴露地面的灯箱、广告牌、导向标识及风亭(包括与车站有关的相邻单位的设备、设施防护牢固情况),发现异常及时上报处理。

(2) 检查车站出入口防洪卷闸门状态是否良好、出入口外排水设施是否畅通,并准备好防洪沙袋。

(3) 加强车站各出入口的保洁清扫工作,同时加强车站安全广播,防止乘客在车站滑倒,导致受伤。

(4) 如因强台风造成突发性大客流,立即报告行车调度员,按突发性大客流流程处理。

(5) 如因强台风造成隧道积水,执行行车调度员指派具有相应资格的人员登乘列车驾驶室进行轨道巡查。

(6) 若水害较严重,执行行车调度员要求,组织员工关闭车站,停止车站运营服务。

(7) 与行车调度员保持密切联系,发现异常及时上报,并将车站情况向有关主管部门上报,或请求支援。

(8) 强台风过后,按行车调度员指示恢复运营。

3. 站务员岗位行动

(1) 厅巡行动指引如表7.23所示。

表7.23 厅巡行动指引

事 件	厅巡职责
恶劣天气(台风)	1. 在值班站长统一安排下,加强车站出入口、风亭巡视
	2. 如因强台风造成突发性大客流,则按突发性大客流流程处理
	3. 若强台风较严重,导致需要关闭车站,则在值班站长统一指挥下关闭车站,停止运营服务
	4. 强台风过后,进行相关恢复运营准备工作,恢复运营

(2) 售票员行动指引如表 7.24 所示。

表 7.24　售票员行动指引

事　件	售票员职责
恶劣天气（台风）	维持正常工作，如因强台风造成突发性大客流，则按突发性大客流流程处理

八、车站、列车上发现恶性传染病

恶性传染病是指由城市疾病预防控制中心确定的易于在人群中传播的严重传染病。恶性传染病源的出现信息一般由城市疾病预防控制中心发出，城市轨道交通运营员工接到通知后，应配合城市疾病预防控制中心控制人流。OCC 控制中心环控调度员根据传染病的性质可采取全通风模式，或者在列车到达前关闭或授权车站关闭车站的空调系统，通风系统只吸入新风而不向外界排风，防止传染病毒扩散。

1. 关键行动指引

关键行动指引如表 7.25 所示。

表 7.25　关键行动指引

	行动指引
关键行动指引	1. 做好员工个人防护，确保自身安全
	2. 对病源及病源所在列车或车站采取整体隔离措施，严禁疏散，防止传染病进一步扩散

2. 一般处理程序

（1）车站发现或接到通知后，立即报告 110 报警中心、120 急救中心及行车调度员，通知员工做好个人防护，停止车站服务，关闭车站，禁止所有乘客、员工出入站，并耐心做好恰当的解释广播。

（2）如传染源在列车上，车站接到准备接入事发列车的命令后，立即疏散车站乘客与大部分员工或车厂大部分员工。进站停车后暂时不能开启车门和屏蔽门，等候专家到后经行车调度员同意后开启，并广播安抚乘客协助隔离检查。

（3）配合公安维持现场秩序。

（4）将有关情况向主管领导报告，如站长、站务室主任。

（5）等候专家到来，配合其处理，按专家与警方意见执行行动。

3. 站务员岗位行动

站务员岗位行动如表 7.26 所示。

表 7.26　站务员岗位行动

事　　件	厅巡职责
车站、列车上发现恶性传染病	1. 如传染源在车站,在做好个人防护,协助关闭车站;如在列车上,根据值班站长的安排,在车站准备接入事发列车前,暂时离开车站
	2. 如传染源在车站,在做好个人防护的前提下,根据值班站长的安排,维护车站乘客秩序

九、车站发现放射性物质

1. 关键行动指引

关键行动指引如表 7.27 所示。

表 7.27　关键行动指引

	行动指引
关键行动指引	立即组织员工和乘客迅速撤离车站,迅速报告

2. 一般处理流程

（1）发现放射性物质后,立即报告 110 报警中心、120 急救中心及行车调度员,停止车站运营服务;

（2）撤离车站员工,禁止携带任何站内物品到站外,撤离前报告行车调度员,并留下车站联系方式;

（3）组织安排受影响人员进行体检（并通知放射源附近的乘客等待体检）;

（4）组织员工协助专业部门对车站进行检查;

（5）协助事故调查和清理现场。

3. 站务员岗位行动

站务员岗位行动如表 7.28 所示。

表 7.28　站务员岗位行动

事　　件	站务员岗位职责
车站发现放射性物质	1. 接到值班站长下达停止车站运营服务通知后,关闭车站
	2. 在值班站长的组织下撤离车站
	3. 必要时,在值班站长的安排下,协助专业部门对车站进行检查

十、车站、列车上有有毒化学物质泄漏

1. 关键行动指引

关键行动指引如表 7.29 所示。

表 7.29 关键行动指引

	行动指引
关键行动指引	1. 立即疏散乘客,并组织员工撤离车站
	2. 停止车站服务,关闭除紧急出入口外的车站出入口,防止不明情况的乘客进入

2. 一般处理流程

(1) 发现车站有有毒化学物质泄漏,立即报告行车调度员、110 报警中心、120 急救中心;

(2) 在做好个人防护的情况下,通知各岗位员工执行车站疏散流程;

(3) 乘客疏散流程执行完毕后,关闭除紧急出入口外的其他出入口,防止不明情况的乘客再次进入车站,组织所有员工撤离至紧急出入口;

(4) 救援人员到场后,车站向其汇报有关情况,协助其工作;

(5) 配合专家行动;

(6) 向车站站长、站务室主任汇报有关情况。

3. 站务员岗位行动

站务员岗位行动如表 7.30 所示。

表 7.30 站务员岗位行动

事件	站务员岗位职责
车站、列车上有有毒化学物质泄漏	1. 在穿戴好防毒面具、防护服、手套后,在值班站长的指挥下,执行车站疏散流程
	2. 乘客疏散完毕后,员工撤离至紧急出入口
	3. 在值班站长的安排下,配合专家的行动

十一、车门/屏蔽门夹人夹物处理

1. 列车未启动时处理流程

发现车门/屏蔽门夹人夹物且列车未启动时,车站工作人员行动如表 7.31 所示。

表 7.31　列车未启动时处理流程

岗　位	岗位行动
站台保安	1. 发现列车车门/屏蔽门夹人夹物且列车未启动时,应立即就近按下紧急停车按钮,向司机显示停车手信号 2. 在赶赴现场查看的同时将情况报告车控室 3. 示意司机重新打开车门/屏蔽门 4. 将人或物撤出后,向车控室报告,并向司机显示"好了"信号 5. 值班站长到场后,协助调查处理
行车值班员	1. 发现异常或接到报告后,通知值班站长前往处理,并向行调汇报 2. 利用CCTV观察现场情况 3. 需要时,通知城市轨道交通公安或运管办到场协助 4. 接到人或物撤出通知后,取消紧停,恢复正常运作 5. 通知通号(通信信号)车间调度恢复站台紧急停车按钮
值班站长	1. 赶赴现场,调查事件原因 2. 如发生客伤事故,按客伤处理程序办理 3. 如是乘客抢上抢下造成的,寻找目击证人,并记录详细资料 4. 对乘客进行教育,对蛮不讲理的乘客,通知运管办到场处罚 5. 事件处理完毕后,将有关情况通报行调

2. 列车已启动时处理流程

发生车门/屏蔽门夹人夹物且列车已启动时,车站工作人员行动如表 7.32 所示。

表 7.32　列车已动车时处理程序

岗　位	岗位行动
站台保安	1. 发现列车车门/屏蔽门夹人夹物且列车已启动时,应立即就近按下紧急停车按钮 2. 立即将情况报告车控室,如列车尚未出站,应前往夹人夹物现场了解情况和处理;如列车未停止运行,应立即报告车控室
行车值班员	1. 发现异常或接到报告后,立即向行调汇报,并通知值班站长到现场处理(如列车未停止运行,应立即向行调汇报,不能立即与行调通话时,应通知前方站扣停列车进行处理) 2. 利用CCTV观察现场情况;需要时,通知城市轨道交通公安到场协助 3. 接到行调通知后,取消紧停,恢复正常运作
值班站长	赶赴现场进行处理,调查事件原因,并评估是否对车站设备造成了影响,将有关情况通报行调

3. 汇报时标准用语

发现车门/屏蔽门夹人夹物时,车站工作人员汇报流程如表 7.33 所示。

表 7.33　车门/屏蔽门夹人夹物汇报标准用语

位置	岗位	岗位行动
车门	站台保安	"车控室,上行(下行)列车×号车厢×号车门夹人(夹物)"
	行值	"行调,×站上行(下行)站台(出站)列车×号车厢×号车门夹人(夹物)"
		注:须确定列车运行方向哪侧车门夹人夹物
屏蔽门	站台保安	"车控室,×站第×挡屏蔽门夹人(夹物)"
	行值	"行调,×站台第×挡屏蔽门夹人(夹物)"

十二、车站突发性大客流

1. 关键行动指引

由于突发性大客流的不可预见性,运营员工最重要的处理原则是竭力控制拥挤程度和人群秩序,谨防出现混乱和由混乱引发的人身伤亡事件。

2. 一般处理流程

(1) 出现大客流时,车站立即报告行车调度员,密切关注事态发展,对大客流原因进行初步判断。

(2) 根据初步判断的原因和客流量增加的情况,必要时启动车站人潮控制方案。如站台乘客较多,将站台与站厅间的向下扶梯改为向上,加快乘客出站;安排员工减缓售票速度和关闭部分自动售票机;关闭部分进站闸机,减缓进闸速度。

(3) 若客流仍不断增多,指示员工停止售票,并做好解释工作;关闭全部自动售票机、全部进站闸机,客流压力缓解后,请示行车调度员恢复正常运营。

(4) 当客流持续增加时,派人关闭部分出入口(只出不进),实行分批进闸,广播建议乘客转乘其他交通工具或城市轨道交通安排的接驳汽车;若仍无法缓解,则请示行车调度员关闭所有出入口(只出不进)。

(5) 必要时请求城市轨道交通公安和调配其他站员工到站协助。

(6) 将有关情况报告站长、站务室主任。

(7) 必要时,请求内外部支援,若有人身体不适或受伤,除车站进行紧急救护外,及时致电 120 急救中心。

(8) 做好宣传和乘客解释工作。

3. 站务员岗位行动

站务员岗位行动如表 7.34 所示。

表 7.34　站务员岗位行动

事件	站务员岗位职责
车站突发性大客流	在值班站长的指挥下,执行车站人潮控制方案,做好乘客引导工作

十三、车站接到炸弹恐吓

1. 关键行动指引

关键行动指引如表 7.35 所示。

表 7.35 关键行动指引

	行动指引
关键行动指引	1. 接到恐吓电话时,保持冷静,并设法多了解一些信息
	2. 在不打扰乘客的情况下,对车站进行地毯式巡查,发现可疑情况及时上报
	3. 迅速报警,根据警方意见采取行动

2. 一般处理流程

（1）组织员工巡视辖区所有地点,检查是否有可疑人员或物品,隔离可疑区域。在保障人身安全的情况下组织车站员工寻找炸弹源。如发现炸弹源,应立即隔离该区域,并不得触碰。

（2）警方、应急处理领导小组到场后,向其汇报有关情况,引导警方到现场处理,协助其工作。

（3）按照警方要求执行相关流程,根据警方意见进行疏散或其他行动。

3. 站务员岗位行动

站务员岗位行动如表 7.36 所示。

表 7.36 站务员岗位行动

事 件	站务员职责
车站接到炸弹恐吓	1. 根据值班站长安排,对车站相关区域进行巡视,检查是否有可疑人员或物品
	2. 发现可疑人员或物品时,立即报告,对可疑物品划定区域进行隔离
	3. 当需要疏散时,根据值班站长安排执行疏散流程

十四、城市轨道交通发生劫持人质事件

城市轨道交通范围发生劫持人质事件一般分为两种情况:在列车上劫持人质和在车站劫持人质。

1. 关键行动指引

关键行动指引如表 7.37 所示。

表 7.37　关键行动指引

	行动指引
关键行动指引	1. 确保员工自身安全
	2. 确保乘客安全
	3. 迅速报警

2. 在列车上劫持人质

（1）按行车调度员指令，立即执行车站疏散流程；

（2）列车到站后，车站协助疏散列车上乘客；

（3）若发现停在站台上的列车被劫持，车站应立即扣停列车，组织列车、站台乘客疏散，并报告行车调度员和致电 110 报警中心、120 急救中心；

（4）列车、车站乘客疏散完毕后，车站员工应撤离到安全地点；

（5）配合警方处理、取证和寻找目击证人；

（6）事件处理完毕后，按警方通知向行车调度员报告，请求车站恢复服务。

3. 站务员岗位行动

站务员岗位行动如表 7.38 所示。

表 7.38　站务员岗位行动

事　件	站务员岗位职责
在列车上劫持人质	1. 根据值班站长安排，立即执行车站疏散程序
	2. 乘客疏散完毕后，撤离到安全地点
	3. 在值班站长安排下，配合警方处理、取证和寻找目击证人
	4. 事件处理完毕后，接到值班站长恢复运营指令，清理现场，恢复岗位正常工作

4. 在车站劫持人质

（1）车站发生乘客被劫持事件时，车站应立即报告 110 报警中心、120 急救中心、城市轨道交通治安大队和行车调度员；

（2）按行车调度员的指令，立即执行车站疏散流程；

（3）若劫持地点在站厅，将站厅通往站台的电扶梯全部改为下行，在站厅与站台间安排员工阻拦乘客上站厅，或设置隔离栏警示乘客不可由站台上至站厅，或组织站台乘客全部上列车疏散；

（4）若劫持地点在站台，将站厅通往站台的电扶梯全部改为上行，组织站台乘客疏散至站厅，在站台与站厅间安排员工阻拦乘客下站台，或在站台与站厅间设置隔离栏杆，警示不可由站台上至站厅；

（5）配合警方处理、取证和寻找目击证人；

（6）事件处理完毕后，按警方通知向行车调度员报告，请求车站恢复服务；

（7）清理现场，组织恢复车站服务。

5．站务员岗位行动

站务员岗位行动如表7.39所示。

表7.39　站务员岗位行动

事　件	站务员岗位职责
在车站劫持人质	1. 根据值班站长的安排，立即执行车站疏散流程
	2. 如站厅发生劫持，将站厅通往站台的电扶梯全部改为下行，在站台与站厅间阻拦乘客上站厅，对人工监护不到的电扶梯，设置隔离栏警示乘客不可由站台上至站厅，或根据值班站长安排到站台组织乘客全部上列车疏散
	3. 如站台发生劫持，将站厅通往站台的电扶梯全部改为上行，组织站台乘客疏散至站厅，在站台与站厅间安排员工阻拦乘客下站台，或在站台与站厅间设置隔离栏，警示不可由站台上至站厅
	4. 乘客疏散完毕后，撤离到安全地点
	5. 在值班站长的安排下，配合警方处理、取证和寻找目击证人
	6. 事件处理完毕后，接到值班站长恢复运营指令，清理现场，恢复岗位正常工作

模 拟 实 验

安排学生分角色扮演乘客与车站工作人员，按照突发事件处理的原则模拟演练车站劫持人质事件的处理流程，针对演练过程中所涉及的问题进行小组讨论分析并提出解决方法，任务如表7.40所示。

表7.40　任务表

序号	任　务
1	车站电梯困人
2	车门/屏蔽门夹人夹物处理
3	车站停电
4	车站突发性大客流
5	车站发现疫情
6	车站接到炸弹恐吓

思 考 练 习

1. 简述各突发事件中的岗位关键指引。
2. 简述各突发事件中的岗位行动内容。

项目八 应急救护

任务一 心肺复苏

知识要点

1. 急救的意义、急救程序;
2. 心肺复苏术。

任务目标

1. 掌握应急救护工作流程;
2. 掌握应急救护心肺复苏术。

一、急救的意义

与生死擦肩而过的人们在遇到紧急病人时,往往只知道拨打120,而当急救人员赶到时,"黄金抢救时间"已擦肩而过。常温下,人体心脏骤停5分钟后就会缺氧,大脑缺氧超过3~5分钟后脑细胞就会迅速死亡,这意味着病人即使被抢救过来也是植物人。目前,许多交通发达国家也难以做到5分钟内把病人从家中送到医院。因此,只有在原地进行急救,才有希望使患者起死回生。

二、生命危急状态判断

患者因受伤、疾病等因素发生呼吸道阻塞、呼吸或心跳停止、大出血等而濒临死亡时,需要对其进行紧急生命救治,首先应对患者是否处于危险的生命状态做出判断。进行患者生命危急状态判断流程如下。

1. 有无意识

"喂,你怎么了?"在患者耳边呼叫的同时轻摇两肩或试着拍打以观察其反应。对于大声呼唤或刺激无反应时,可判断患者为无意识状态。有意识时检查有无呼吸及大出血。无意识时患者呼吸道变窄、阻塞,请立即开放气道。

2. 有无呼吸

使患者头后仰开放气道观察胸部浮动,通过感觉从口鼻进出空气的气流及声音判断有无呼吸。无呼吸状态判断：看不见患者胸部浮动；听不见气流进出口鼻的声音；自己的脸颊、手也感觉不到气息。呼吸停止时生命处于危险状态，应立即施行开放气道、口对口人工呼吸。有呼吸时检查有无大出血。

3. 有无脉搏

用手指置于颈动脉、股动脉部，若有脉搏用指尖感觉。感觉不到脉搏提示心跳停止，应立即施行胸外心脏按压。有呼吸并有脉搏时，检查有无大出血。

4. 有无大出血

血液从体表伤口流出，呈鲜红色，连续柱状喷出为动脉性出血；呈暗红色，缓慢或断续流出或漏出为静脉性出血。短时间内大量出血会使患者处于危险状态，特别是婴幼儿，尽管出血量看起来比成人少，但绝不可掉以轻心。大出血时应对伤处施行紧急压迫止血。无大出血时，依照受伤或疾病的情况进行紧急处理。

三、急救处置程序

1. 快速判断患者生命危急状态

遇有生命处于危险状态时，目击者应立即对患者进行生命急救。在10秒内，最多在数十秒内一旦明确患者呼吸、心跳已经停止，立即施行口对口人工呼吸、胸外心脏按压。

2. 呼救

用各种当时所能采取的最迅速的呼救方法通知急救部门、医疗机构。遇有紧急、意外情况发生时，切记拨打120急救电话。电话拨通后，首先冷静告知对方需要救护车，准确报告被救护患者详细位置、地点，附近有明显公共标识物也需告知。简洁报告事故、伤情如何发生、现状如何，告知需救治人数，并报告通话者姓名、电话号码。如有可能，应有人在标识物、入口处引导救护车到达。

救护车到达后，向救护人员报告下列事项：① 救护车到达前救护情况；② 救护车到达前患者病情变化；③ 患者既往病史，主要病历资料；④ 询问将送往哪家医疗机构，务必有至少一位家属同行，并携带医疗保险证（卡）、钱及简单替换衣物。

3. 救护车到达前的救护

包括继续心肺复苏，即心脏按压和人工呼吸；压迫止血；骨折固定；创口包扎等。

4. 搬运患者到安全地点或医院

四、常见急救技术（心肺复苏术）

标准的心肺复苏术包括三部分：判断意识和畅通呼吸道、人工呼吸、人工循环。

1. 判断意识和畅通呼吸道

发现昏迷倒地的病人后，轻摇病人的肩部并高声喊叫："喂，你怎么了？"若无反应，立即掐压人中、合谷穴5秒钟。若病人仍未苏醒，立即向周围人呼救并打急救电话，然后将患者放置成复苏术位，即病人仰卧，头、颈、躯干平直无扭曲，双手放于躯干两侧。用仰头举颏法开放病人气道：抢救者一手置于病人前额使头部后仰，另一手的食指与中指置于下颌骨近下颌骨处，抬起下颌，保持呼吸道通畅，如有呕吐物应取出，活动性假牙必须取下。同时进行以下步骤的判断和操作,并迅速将患者急送医院做进一步的医疗抢救。

2. 人工呼吸

畅通呼吸道后要立即判断病人有无呼吸,抢救者将脸贴近病人的口鼻,感受有无气息进出,同时眼睛侧视病人胸部,观察其有无起伏,若都无反应,则说明病人没有呼吸,要立即进行口对口人工呼吸。在保持病人呼吸道畅通和口部张开的位置下进行。操作时用按于病人前额一只手的拇指与食指捏住病人的鼻孔,抢救者深吸一口气后,张开口紧贴病人的口(要将病人的口全部包住,若有条件可先用一块无菌纱布盖住病人的口),快而深地向病人口内吹气,直至病人胸部上抬。一次吹气完毕后立即与病人口部脱离,放松捏鼻的手指,以便病人从鼻孔出气,轻轻抬起头部,眼视病人胸部,同时吸入新鲜空气,准备下一次人工呼吸。每次吹入的气量约为800~1200毫升。

3. 人工循环

先判断病人有无脉搏。抢救者一只手置于病人前额使其头部保持后仰,另一只手贴近抢救者一侧触摸病人颈动脉,用食指及中指指尖触及气管正中部位(男子可先触及喉结),然后向旁滑移2~3 cm,在气管旁软组织处轻触颈动脉搏动。判断病人没有脉搏后应立即进行胸外心脏按压。

病人应仰卧于硬板床或地上,解开上衣。在气道开放的位置下先进行两次人工呼吸。然后抢救者应快速找到心脏按压的部位:首先以食指、中指并拢沿病人肋弓处向中间滑移,在两侧肋弓交点处寻找胸骨下切迹(剑突处),以此作为定位标识。然后将食指和中指的两指横放在胸骨下切迹上方,食指上方的胸骨正中部位即为按压区。步骤如下:

(1) 捶击:半握拳,距离心前区20~30 cm中等力度垂直连续捶击两次。

(2) 将一手掌根重叠放在另一手背上,但手指不要接触胸壁。

(3) 抢救者双臂应绷直,双肩在病人胸骨上方正中,垂直向下用力按压,按压时以髋关节为支点,以肩臂用力。对成年患者按压的频率为80~100次/分,按压深度为4~5 cm。

遵循上述步骤先进行两次人工呼吸,然后进行15次胸外心脏按压(15次按压为一组,时间大约为8~12秒),即吹气和按压比例是2∶15,如此反复进行,直到医务人员赶到或病人恢复自主呼吸和心跳。

五、急救步骤

快速判断生命危急状态→呼救→仰卧于硬质平面上,通畅气道→判断呼吸,进行两次人工呼吸→判断脉搏,进行15次胸外按压→循环进行人工呼吸和胸外按压→判断病情,如果呼吸循环恢复,抢救成功,如图8.1所示。

判断伤者状态　　　　　　　呼救　　　　　　把伤者摆平仰卧于硬质平面

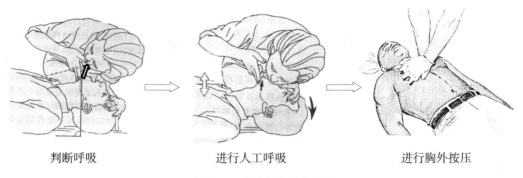

| 判断呼吸 | 进行人工呼吸 | 进行胸外按压 |

图 8.1　心肺复苏急救步骤

六、现场心肺复苏有效的判断

（1）面色由青紫、苍白转为红润；
（2）心脏按压时可触及大动脉搏动；
（3）人工呼吸时胸部抬起；
（4）患者意识丧失及昏迷程度减轻。

七、注意事项

（1）开放气道行仰头举颌法时，注意手指不要压迫病人颈前部、颌下软组织，也不要使颈过伸；
（2）进行口对口人工呼吸时，每次吹气量不要过大，否则易造成胃内大量充气；
（3）判断有无脉搏时触摸颈动脉不能用力过大，以免颈动脉受压妨碍头部供血，检查时间不可超过 10 秒钟；
（4）胸外心脏按压用力应平稳、有规律地进行，不能间断，也不能忽快忽慢，禁止做冲击式猛压，按压时手指不要压在胸壁上，否则易引起肋骨或肋软骨骨折；
（5）按压时用力应垂直向下（特别是肘关节要伸直），不要左右摆动，双手掌要重叠放置，不可交叉放置，按压后放松时定位的手掌根部不可离开胸骨定位点。

模 拟 实 验

在医生的指导下，组织学生相互之间进行心肺复苏救护的演练。

思 考 练 习

当发现有患者出现生命危险时，我们应该如何处置？处置的流程包括哪些步骤？

任务二 创伤救护

知识要点

1. 止血的方法；
2. 包扎的方法；
3. 骨折的固定方法。

任务目标

1. 掌握应急救护中止血的操作；
2. 掌握应急救护中包扎的操作；
3. 掌握应急救护中骨折固定的操作。

一、止血

及时止血对降低伤员的出血致死率与残废率至为重要。常用的止血方法有：

1. 指压止血法

适用于头部及四肢小动脉出血。

用手指压迫伤口近心端的动脉，阻止动脉血运，能有效地达到快速止血的目的。

2. 加压包扎止血法

适用于小静脉和毛细血管出血。

用敷料或其他洁净的毛巾、手绢、三角巾等覆盖伤口，再加压包扎达到止血的目的。

3. 止血带止血法

此法仅限于四肢大动脉出血使用。现场可用毛巾、布条、丝巾、领带（质地柔软，有缓冲性）等就便器材进行止血。

操作前，可先将伤者受伤肢体抬高，裸露皮肤应事先加垫。用就便材料环绕伤肢（上肢出血时结扎于上臂的上 1/3 处，下肢出血时结扎于大腿的中上段）；结扎时留有空隙，再次结扎时留一次活扣，然后用笔杆、小木棒等物传入空隙将其绞紧（紧松度以伤处不出血为限），最后将绞棒一端插入活扣并固定。扎好止血带后，应做好标记，标明上止血带的时间，长途运送的伤员每隔 40~60 分钟放松一次止血带，同时用指压止血法临时止血，1~3 分钟后，重新上好止血带。

注意：严禁使用电线、铁丝、麻绳作为止血就便器材。

二、包扎

1. 包扎的目的和要求

包扎的目的：保护伤口，防止感染，止血，止痛。

包扎的要求：伤口封闭要严密，紧松适宜，敷料固定可靠，操作要轻巧，打结避开伤口。

2. 常用的包扎方法

（1）头部包扎。

帽式包扎法：将三角巾底边向上折叠约二指宽，平放于前额眉上，顶角向后拉，盖住头部，然后将两底边沿两耳上方往后拉至枕部下方，左右交叉压住顶角再绕至前额打结，最后将顶角反折掖入枕部交叉处。

（2）肩部、胸背部、腹部包扎。

① 单肩包扎法：将三角巾折成燕尾巾，夹角向上，向后的一角压住向前的一角，放于伤侧肩部，底部在伤侧上臂包绕后结扎固定，两角在对侧腋下打结。

② 胸背部包扎法：将三角巾两个燕尾向上分别放于双肩，燕尾折叠处两角从腋下分别与两燕尾顶端打结。

③ 腹部包扎法：将三角巾顶角朝下，底边横放于腹部，两底角在腰后打结，然后将顶角由两腿间拉至腰后与底边打结。

（3）手部包扎。

① 条带"8"字包扎：条带沿手背斜向手腕环绕，再向下斜向手背，经手掌至虎口，如此反复。

② 三角巾手（足）包扎法：将手（足）放在三角巾中央处，将三角巾顶角反折盖在手背（足背）上，然后将两底角交叉压住顶角，在腕（踝）部绕一周打结，最后将顶角向上反折塞入结内。

（4）膝（肘）部包扎法：将三角巾折叠成宽条带，将中段斜放于伤膝（肘）部，两端各绕膝（肘）部上下一周后避开伤口打结固定。

（5）就便器材包扎法：就便器材包括衣服、毛巾、手绢、丝巾等，包扎时根据伤口的大小、部位选用。

三、骨折固定

骨折固定时应注意：选用固定材料的长度一般要超过两个关节，先固定骨折上端，后固定骨折下端，骨突处要加垫，肢体远端应放置在功能位。

1. 前臂骨折固定

（1）夹板固定法：将前臂屈肘（内旋 15 度，手心向内），把夹板放在前臂下侧，用布条先固定骨折上端，后固定骨折下端，再用另一块三角巾将伤臂吊在胸前。

（2）就便器材固定：现场如无急救器材，可用杂志、衣服、毛巾等物进行临时固定（如衣服固定法：将衣服下摆向外上方反折后系上纽扣即可）。

2. 上臂骨折固定

将伤肢屈肘（内旋 15 度，手心向内），在伤臂外侧上夹板，用布带将骨折上下端固定，再用三角巾将伤臂固定于胸部。

3. 大腿骨折固定

将夹板放在伤肢外侧，夹板长度从腋下到脚跟，各关节骨突部位加垫，固定骨折上下端后，用三角巾分段（先上后下）固定夹板，最后用"∞"字形包扎法将脚和小腿呈直角固定，以保持功能位置。

4. 小腿骨折固定方法

将夹板放于小腿外侧,夹板的长度要超过膝关节和踝关节,在骨突部位加垫后,先固定骨折上端,再固定骨折下端,然后固定膝上方,最后用"∞"字形包扎法将脚和小腿呈直角固定,以保持功能位置。

如现场无就便器材,上臂、小腿骨折可利用躯体和健肢进行固定。

5. 骨盆骨折固定

伤者仰卧,用三角巾折成宽条带环绕髋臀部至腹部打结,将伤者屈膝,在膝下垫物支撑,再将双腿捆扎固定。

6. 颈椎骨折固定

(1) 颈托固定。
(2) 利用颈托、颈部固定器、脊柱板固定。

现场没有条件时,移动伤者必须有人固定伤者头颈部,使之不发生弯曲和扭曲,上担架后即用毛衣等物固定伤者颈部两侧再搬运。

模 拟 实 验

在医生的指导下,组织学生相互之间进行止血、包扎及骨折固定演练。

思 考 练 习

当有人发生骨折时,根据伤处不同的部位,应如何进行固定以及固定的程序包括哪些?

附 录

附录 1 车站工作人员签到簿

车站工作人员签到簿

　　　　年　　月　　日　　　　　　　白班：　　　　　　夜班：

序号	姓名	班次	到岗时间	接班 领用物品			下班时间	交班 归还物品			签名
				对讲机	扩音器	钥匙	其他		对讲机	扩音器	钥匙	其他	

备注：

附录2 值班站长日志

值班站长日志一

年　月　日　星期　　　天气

	行车		客运、票务		设备、设施	
日运营生产情况	运行图		进站客流		安全门	风水电
	运营情况		出站客流		电扶梯	卷帘门
	备品、备件		票款收入		BAS/FAS	AFC
	其他		其他		其他	
安全巡视情况	站房机房		消防设施		施工情况	
好人好事						
存在问题						

值班站长日志二

_____班　　当班站长：　　　　　接班站长：

规章抽问			规章学习	
抽问内容	抽问效果			
姓名				
通知指示会议精神				
交接班注意事项				
备注				

附录3　车站钥匙借用登记簿

车站钥匙借用登记簿

月	日	施工单位	施工负责人		施工人数	房间名称	钥匙数量	借用时间	值班员签名	注销时间	值班员签名	备注
			姓名	员工号								

附录4 收文登记簿

收文登记簿

序号	收文		收文号	来文单位	来文字号	文件名称	份数	收文人签字
	月	日						

附录5 车站防火巡查记录簿

车站防火巡查记录簿											
								年		月	日
巡查情况 / 巡查时间 / 巡查内容	时分	时分	时分	时分	时分	时分	时分	时分	时分	时分	时分
用火用电											
安全出口、疏散通道											
安全疏散标识、应急照明											
消防设施、器材和消防安全标识											
防火门和防火卷帘门											
消防重点部位人员在岗情况											
车站设备状况											
其他情况											
巡查人员签名											
监督人员签名											

备注：

注：1. 情况正常打"√"，存在问题打"×"，并在备注栏中写明存在的问题及处理情况。
　　2. 对发现的问题要及时处置，无法当场处置的要立即报告。

附录6 行车日志

行车日志

___年___月___日___班 天气_____　　　交班人_____　接班人_____

列车运行计划		上级重要指示及文件精神							交接班注意事项					
备品交接	路票													
	钥匙													
	其他													
车次	上 行								下 行					
	到 达		出 发		附注				到 达		出 发		附注	
	电话记录号码及收发时间	邻站出发	电话记录号码及发时间	本站到达				车次	电话记录号码及收发时间	邻站到达	电话记录号码及发时间	本站出发	邻站到达	

附录 7 设备故障登记簿

设备故障登记簿

登记					销记		
日期	时间	故障现象	通知方式及部门	值班员签名	日期	维修人员到达时间	设备修复状态	维修人员签名	值班员签名

附录 8 车站边门登记簿

车站边门登记簿

月	日	姓名	证件种类	证件编号	进/出站原因	进/出站	进/出时间	经办人签名	备注
			□老年人 □革命伤残军人 □盲人 □其他			□进 □出			
			□老年人 □革命伤残军人 □盲人 □其他			□进 □出			
			□老年人 □革命伤残军人 □盲人 □其他			□进 □出			
			□老年人 □革命伤残军人 □盲人 □其他			□进 □出			
			□老年人 □革命伤残军人 □盲人 □其他			□进 □出			
			□老年人 □革命伤残军人 □盲人 □其他			□进 □出			
			□老年人 □革命伤残军人 □盲人 □其他			□进 □出			
			□老年人 □革命伤残军人 □盲人 □其他			□进 □出			
			□老年人 □革命伤残军人 □盲人 □其他			□进 □出			
			□老年人 □革命伤残军人 □盲人 □其他			□进 □出			

附录 9 手摇把使用登记簿

手摇把使用登记簿

月	日	时分	手摇把使用原因	使用人（签字）	值班站长签认	月	日	时分	道岔位置及状况	使用人（签字）	值班站长签认

附录 10 消防(车制室)值班记录簿

消防(车制室)值班记录簿

年　　月　　日

值班人员		值班时间	
工作情况记录	消防设施运行情况		
	故障及排除情况		
	其他情况		
交接班留言			
接班人			

参 考 文 献

[1] 毛保华.城市轨道交通系统运营管理[M].北京:人民交通出版社,2007.
[2] 何静.城市轨道交通系统运营管理[M].北京:中国铁道出版社,2007.
[3] 裴瑞江.城市轨道交通客运组织[M].北京:机械工业出版社,2011.
[4] 上海申通地铁集团有限公司轨道交通培训中心.城市轨道交通车站客运服务[M].北京:中国铁道出版社,2011.
[5] 刘莉娜.城市轨道交通客运组织[M].北京:中国人民交通出版社,2012.
[6] 张秀媛.城市轨道交通客运管理[M].北京:北京交通大学出版社,2012.
[7] 秦国栋,陈燕申.城市轨道交通客运服务标准[J].城市交通,2008(3).
[8] 深圳城市轨道交通运营公司.入职员工培训教材,2009.
[9] 南京城市轨道交通运营公司.入职员工培训教材,2009.
[10] 杭州城市轨道交通运营公司.入职员工培训教材,2014.
[11] 黑龙江城市轨道交通运营公司.入职员工培训教材,2013.